시선의 확장

시선의 확장 일본 근대 해외관광여행의 탄생

초판 1쇄 발행 2014년 6월 30일

저 자 | 아리야마 테루오
역 자 | 조성운, 강효숙, 서태정, 이승원, 송미경
발행인 | 윤관백
발행처 | 도서출판 선인

인 쇄 | 대덕인쇄
제 본 | 과성제책

등록 | 제5－77호(1998.11.4)
주소 | 서울시 마포구 마포동 324－1 곶마루 B/D 1층
전화 | 02)718－6252 / 6257
팩스 | 02)718－6253
E-mail | sunin72@chol.com
Homepage | www.suninbook.com

정가 18,000원
ISBN 978-89-5933-735-4 93900

시선의 확장

일본 근대 해외관광여행의 탄생

아리야마 테루오(有山輝雄) 저

조성운, 강효숙, 서태정, 이승원, 송미경 역

역자 서문

한국근대관광사 연구의 정립을 바라며

이 책은 아리야마 테루오가 쓴 『海外観光旅行の誕生』(吉川弘文館, 2002)을 번역한 것이다. 아리야마 테루오는 역사학자가 아닌 사회학자이지만 이 책은 역사학적 방법론을 이용해서 쓴 것이라 할 수 있을 정도로 사실에 입각해 서술하였다. 또한 이 책은 그동안 실증적인 방법론에 익숙한 한국사학계에 '시선'이라는 관점을 제시하여 같은 사실이나 사물을 다른 '시선'으로 바라보는 근대관광의 '시선'에 대해 깊이 있게 논증하고 있다.

특히 1906년 로셋타마루를 이용하여 반식민지 상태의 조선과 만주를 여행한 만한순유선에 대한 고찰은 이후 한국근대사학계에서 수학여행과 근대관광을 연구하는데 중요한 시사를 던져주었다. 이를 통해 20세기 초 일본의 침략 시선이 한반도를 지나 만주로 향하고 있음을 알 수 있었다. 이는 한국근대사를 공부하는 과정에서 일본의 침략 의도가 어떠한 형태로, 어떠한 경로를 통하여 전개되었는가 하는 점에 유의해야 한다는 점을 가르쳐준다고 할 수 있다. 즉 지금까지의 한국근대사의 연구는 주로 일본제국주의의 침략에 저항하는 독립운동이나 일제의 지배정책에 대한 미시적인 연구에 치중되었는데, 이 책은 이러한 미시적인 시각을 거시적인 시각으로 보완하는데 의미가 있다고 생각된다.

이 책이 이와 같은 의미가 있다는 생각에서 근대관광과 한국근대사를 연구하는 소수의 연구자가 2009년 겨울 모여 작은 연구모임을 조직하였다. 이 연구모임을 어떠한 이름으로 부를까에 대해 이러저러한 논의가 있었지만 아직까지도 명확하게 정하지 못하였다. 그리하여 현재 우리들은 이 연구모임을 가칭 '한국관광역사학연구모임'이라 부르고 있다. 향후 연구모임의 성격을 명확히 하기 위해서라도 정식 명칭을 만들어야 한다는 생각이 간절하다. 연구모임을 조직한 후 본 연구모임에서는 근대관광에 대한 국내외의 논문과 저서, 대한제국기 발행된 신문 등을 읽고 토론하는 한편 연구논문을 작성하는 노력을 기울였다. 이 과정과 동시에 이 책을 번역하기로 결정하고 2011년부터 본격적으로 번역하기 시작하였다. 번역이 목적이 아니라 학습을 우선시 했기에 번역 기간이 생각보다 길어졌다. 특히 아직 일본어에 익숙하지 않은 초학자들의 경우는 많은 시행착오를 겪지 않으면 안 되었다. 이러한 어려움을 극복하는 데는 강효숙 선생님의 도움이 매우 컸다. 이 자리를 빌려 감사의 말씀을 드린다.

이 책에 대한 번역을 끝낸 후 연구모임에서는 다른 책을 읽고 있다. 그것은 근대관광의 기초가 되는 철도가 한반도에 어떠한 경로를 통해 설치되고 활용되었는가를 보여주는 『조선사설철도협회회보』이다. 이 자료는 아직 국내에 잘 알려지지 않은 것이고, 사설철도에 대한 연구가 많지 않은 상황에서 읽기에 어려움이 적지 않은 형편이지만 매달 자신이 맡은 분량을 충실히 번역하고 있다. 분량이 많지 않은 것이지만 한국철도사 연구를 위해서라도 번역해서 출판하고 싶은 것이 우리 연구모임의 희망이다. 향후 번역이 완료되면 이를 세상에 내놓고자 한다.

끝으로 이 책을 함께 번역한 강효숙, 서태정, 이승원, 송미경 선생님께 감사드리며, 우리 연구모임이 공부할 수 있도록 지지와 조언을 주신 청암대학교의 성주현, 김인덕 선생님, 숭실대학교의 황민호 선생님, 공부할 장소를 제공해주신 동국대학교와 전쟁기념관의 관계자 여러분께도 감사드린다. 또 번역 후에 합류한 김상현 선생님께도 감사드린다. 그리고 시장성이 별로 없는 이 책을 번역, 출판하는 데 도움을 주신 선인출판사의 윤관백 사장님과 편집부의 여러 선생님들께도 감사의 인사를 드린다.

연구모임을 대표해서 조성운 씀

contents

역자 서문 4

프롤로그 관광의 시선 9

1 관광여행의 성립: 보는 주체의 형성

아사히신문사 주최 만한순유여행회 25

만주한국관광여행붐의 출현 36

관광주체의 형성 45

2 만주한국여행: 제국민의 시선

만주한국여행단의 형성 59

만한순유선의 출발 65

여행자들은 무엇을 보았는가 73

원근법 속의 만주한국 84

3 일본 최초의 세계일주여행

세계일주여행회의 대기획 93

세계일주여행 이야기 106

서양을 보다 112

서양에 보여지다 | 서양에 대한 자기제시 126

4 관광객에게 보이는 일본, 보여주는 일본

제1회 미국인 관광단의 일본 방문 135

제2회 미국인 관광단의 일본 방문과 문명국의 수치 144

한국 관광단 153

청국 관광단 161

5 제2회 세계일주회와 영일박람회

세계일주여행, 다시 171

영일박람회 체험 189

에필로그 굴절하는 자의식 213

참고문헌 217

저자 후기 219

찾아보기 221

프롤로그

관광의 시선

공전의 장거

호외가 난무했던 러일전쟁 전황 보도의 열광, 포츠머스강화조약을 둘러싼 대혼란의 여진이 거의 진정되었던 1906년(명치 39)『오사카아사히신문(大阪朝日新聞)』과『도쿄아사히신문(東京朝日新聞)』양지에「공전의 장거(만한순유선의 발향)」(東京朝日新聞)라는 큰 제목을 붙여 제1면의 약 절반 크기의 대형 사고가 게재되었다. 아사히신문사가 로셋타마루(ろせった丸)라는 3,800톤의 기선을 통째로 전세 내어 만주(중국 동북부)·한국을 순유관광하는 여행단을 조직하여 참가자를 모집한다는 것이었다.

남태평양의 섬들을 도는 호화여객선 크루즈 등 여러 가지 관광기획이 여행업자에 의해 개최되고 있는 현재에는 한반도에서 중국 동북부로 가는 순유선을 '공전의 장거' 등으로 표현하는 것은 과장에 지나지 않는 선전문구와 같다고 생각할 수 있다. 그러나 이 메이지 말기의 일본에는 아직 여행업자 등은 존재하지 않았다. 최초의 여행업자라고 하는 재팬 투어리스트 뷰로[1](현재의 주식회사 JTB(일본교통공사)의 전신)의 창립총회가 개최된 것은 1912년(명치 45) 3월 12일로 그것도 전적으로 외국인 관광객의 유치와 편의 제공을 주된 업무로 한 것이었다. 당시에는 관광이란 외국인이 호기심에 찬 눈으로 일본의 풍속·풍경을 보러 오는 것이어서 국내의 여행은 그런대로 왕성했으나 일본인이 해외에까지 관광으로 나가는 것은 거의 생각도 하지 못했던 것이다.

그러한 시기에 만주, 한국이라는 해외에 대한 단체관광여행을 호소한 것이므로 '장거'인가는 어찌되었든 간에 '공전'의 기획이었던 것은 틀림없다. 더욱이 그것을 언론보도활동을 하는 신문사가 기획한 바가 특이하다. 아사히신문사의 입장에서는 당연하지만 그때까지 만주, 한국의 단체여행 경험은 전혀 없었으므로 꽤 큰 모험이었다. 한편 참가하는 측에서 보아도 사고에 의하면 여행 기간은 30일, 비용은 최고 60엔, 최저 15엔이었다. 당시 순사의 초임이 월봉 12엔이었으므로(週刊朝日 編, 『値段明治大正昭和風俗史』, 朝日新聞社, 1981, 205쪽) 결코 싼 비용이 아니었다. 그래도 1개월이나 일을 벗어나 여행에 나가는 것이었으므로 이것 또한 큰 모험이었다.

그렇지만 이 대담한 기획은 큰 반향을 불러일으켰다. 발표로부터 5일 후인 6월 27일 『오사카아사히신문』은 일찍이 「만원신청사절」이라는 사고를 내었다. 단 5일 만에 374명의 사람들이 여행단 참가에 응모했던 것이다. 놀라울만한 성공이라 할 수 있을 것이다. 이것은 일본 최초의 단체해외관광여행이라 할 수 있는 사건이었다.

---

1) JTB의 활동에 대해서는 조성운(「일본여행협회의 활동을 통해 본 1910년대 조선관광」, 『식민지 근대관광과 일본 시찰』, 경인문화사, 2011)의 연구를 참조 바람.

단체관광여행의 시작

만주, 한국이라는 대다수의 사람이 전혀 체험하지 못한 지역을 아사히신문사가 준비한 가이드가 있는 단체로 여행하는 것이 만한순유여행이 큰 인기를 얻었던 원인 중 하나일 것이다. 가이드가 있는 단체여행은 지금은 지극히 흔한 일이 되었다. 이 여행 스타일이 성립함에 따라 관광여행의 대중화를 실현한 것이다. 일본에는 이세마이리(伊勢参り), 오야마마이리(大山参り)의 가이드로서의 오시(御師), 단체여행을 하는 코(講)[2]라는 문화가 있었으며, 가이드가 있는 단체여행은 독자의 형태로 발전했다고도 말할 수 있다. 일본의 여행전통에 관해서는 잠시 제쳐놓고 유럽의 가이드가 있는 단체여행의 창시자는 영국 지방도시 레스터의 금주운동가였던 토마스 쿡이라 알려져 있다.

토마스 쿡은 1841년 7월 5일 광고를 통해 참가자를 모집해서 레스터에서 가까운 러프버러까지의 철도여행을 조직하였다. 그가 이러한 기획을 한 목적은 금주운동의 확산에 있었으며, 이 철도여행의 참가자는 목적지에서 금주운동 퍼레이드를 하고 티 파티를 즐겼다. 이 여행의 성공에 따라 자신을 얻은 쿡은 금주협회원과 일요학교 어린이들의 단체여행을 차례로 조직하여 호평을 받았다. 토마스 쿡의 당초 의도는 어디까지나 금주운동이었지만 그가 주도한 여행은 참가자에게 안심과 신뢰를 주었고 많은 사람들이 쿡의 여행을 즐기게 되어 그도 여행의 기획과 주선을 본격화하게 되었던 것이다.

토마스 쿡에게 관광여행의 형성에 큰 기폭제가 되었던 것은 1851년 런던에서 개최되었던 제1회 만국박람회였다. 런던만국박람회는 유리와 철골로 만든 거대한 온실인 수정궁(크리스탈 궁)과 여러 가지 전시물을 통해 근대 기계산업 과학의 빛나는 미래를 축복하는 축전으로 쿡이 말한 "우리들의

2) '불교 경전을 듣거나 신불에 참배하는 모임' 또는 '돈 마련을 위한 모임, 계' 등을 의미한다.

세계에 한꺼번에 밀어닥쳐 쏟아져버린 화려한 은하(갤럭시)"였다. 제1회 만국박람회는 큰 인기를 얻었고, 5개월의 기간 중 입장자 수는 600만 명 이상, 토마스 쿡은 그 중 16만 5천 명의 여행자를 취급하였다. 쿡의 여행이 성공을 거둔 것은 철도회사와의 계약을 통해 철도요금을 할인하는 등 가능한 만큼 값싼 견학여행을 조직했던 데에도 있으나 『쿡의 박람회와 엑스커션(クック博覧会とエクスカーション)』이라는 잡지를 발간하여 박람회와 그의 투어의 인기를 불러일으켰다는 것이 큰 요인이라 할 수 있다. 이 잡지는 그 후 주요 선전 미디어가 되었다(ピアーズ・ブレンドン 著, 石井照夫 譯, 『トマス・クック物語 近代ツーリズムの創始者』, 中央公論社, 1995). 토마스 쿡은 최초의 러프버러까지의 철도여행에서도 광고선전을 통해 참가자를 모집했지만 미디어와 선전에 의해 미리 관광여행에 대한 바람과 기대를 만들어 크게 부풀리는 것이 대중을 여행으로 유인해 내는 가장 중요한 전술이었다는 것을 충분히 알고 있었다.

쿡은 1855년의 파리만국박람회에서는 영국의 여행자를 송출하고자 했으나 이때는 솜씨 있게 행하지 못하였다고 전해진다. 그러나 소소한 실패로 그의 사업의 장래성이 흔들린 것은 아니었다. 영국 내에서의 관광여행을 순조로이 확대시켜 그 기세에 편승해 1863년에는 스위스 여행을 성공시켰고, 특히 이탈리아, 미국, 이집트까지 그가 조직했던 여행단은 널리 해외로 진출하였다. 1872년에는 마침내 세계일주여행까지 실현하였다. "세계는 토마스 쿡의 것이 되었다"(ピアーズ・ブレンドン 著, 石井照夫 譯, 『トマス・クック物語 近代ツーリズムの創始者』, 中央公論社, 1995, 242쪽)는 것이다. 쿡은 세계일주 도중 일본에 들러서 '매혹의 나라' 일본이 몹시 마음에 들었다고 한다.

고생 없이 안전한 여행

이러한 단체해외관광여행이 큰 성공을 거둔 배경에는 19세기 말부터 20세기 초의 영국과 서유럽의 번영, 그 일환으로서 중산계급에게 발생한 경제적 · 시간적 여유라는 사회경제적 조건이 있는 것은 명확하다. 중산계급의 경제적 · 시간적 여유는 새로운 서비스산업의 시장과 소비의 경제를 확대시켰다. 기계로 생산된 평준적 상품이 소비되고, 이제까지 개인의 선의와 주부의 가정 내 노동에 기반했던 여러 가지 서비스가 경제화되고 산업화되었던 것이다. 관광여행과 관광여행업자의 성립도 그 중 하나이다.

토마스 쿡이 만들어낸 단체관광여행의 성공은 그 아이디어의 탁월함뿐만 아니라 당시 사회 추세의 한 표현이었다. 그의 여행은 여행자를 여행에 관련된 여러 가지 번거로움과 위험에서 해방시켰다. 쿡의 여행단에 참가하면 까다로운 표와 호텔의 준비 때문에 고민할 필요는 없었다. 오히려 철도와 객선의 품질 등에 비해 값싼 서비스를 받을 수 있었고, 마땅한 호텔방이 가는 곳마다 준비되어 있었던 것이다. 더욱이 가이드에 따라 단체행동을 하면 도둑 등의 유쾌하지 않은 사건으로 모처럼의 여행을 엉망진창이 되게 할 위험은 적었다. 쿡사의 쿠폰과 서큘러 노트(Circular Note, 여행자수표의 전신)를 이용하면 많은 현금을 소지해서 벌벌 떨어야 하는 일도 없었다.

토마스 쿡사는 본래 금주운동가의 선의로서 여행의 준비를 했던 것이지만 그것을 경제화해서 여행의 고통과 번거로움을 전문적으로 책임지게 되었고 그것을 서비스화하여 기업화하였다. 여행(travel)은 본래 고통 · 고생(travail)과 같은 어원이라 알려져 있지만 토마스 쿡사는 진실로 여행의 노고를 기업화한 것이다.

기대의 실현

고생에서 해방된 여행객은 홀가분하게 관광을 즐길 수 있게 되었다. 그러나 토마스 쿡이 제공한 것은 그뿐이 아니었다. 그는 손님이 관광에 건 큰 기대를 부풀려 그것을 만족시켰던 것이다. 지중해의 리조트로 가면 푸른 바다를 앞으로 한 흰 백사장에 비치파라솔이 준비되어 있었고, 이집트로 가면 사막 속의 피라미드를 구경하고 낙타를 탈 수 있었다. 모든 것이 광고와 잡지, 팸플릿에서 미리 본 대로이며 여행객이 가방 가득 채워 넣은 관광지에 대한 큰 기대를 저버리지 않았던 것이다.

더욱이 알지 못했던 지역에 대한 관광의 큰 기대와 동경은 본래 쿡사의 잡지 · 팸플릿이 만들어 내고 부풀렸던 것이다. 물론 쿡사의 잡지만이 그러한 역할을 수행했던 것이 아니라 여러 가지 미디어가 이향(異鄕)에 대한 동경을 만들었으며, 쿡사의 광고는 다만 그것에 불을 붙여 구체화했을 뿐일지도 모른다. 그렇다 하더라도 관광에 대한 기대는 사전에 만들어져 있었으며, 여행은 그 기대를 기대대로 실현하고 만족을 얻는 것이 되었다. 대개의 관광객은 예상외의 사건에는 즐거워하지 않고 예상했던 대로의 관광지를 보고 즐거워하였다. 여행업자는 여행의 고통을 대행하여 기업화할 뿐만 아니라 여행에 대한 기대를 자극시켜 그대로 실현해 보이는 이른바 여행에 대한 기대를 기업화했던 것이다.

토마스 쿡 이후 서유럽과 미국에서 여행업자가 출현하였고 가이드가 있는 단체관광여행은 흔하게 되었다. 관광여행의 대중화가 실현되었던 것이다. 시간과 재산을 충분히 가진 지극히 일부의 특권적인 사람들에게 한정되었던 여행이 널리 일반인들까지 가능하게 되어 때로는 해외에까지 건너가 이문화를 직접 체험하는 큰 사회적, 문화적 의미를 갖는 현상이 발생한 것이다.

의사(疑似) 이벤트로서의 관광여행

미국의 매스 미디어 연구자 · 역사가인 브아스틴은 이러한 가이드가 있는 단체관광여행이 단지 여행을 대중화한 것이 아니라 여행 그 자체를 변질시켰다고 하였다. 그는 이제 능동적으로 행동하는 여행자는 몰락하고 수동적으로 재미있는 것이 발생할 것을 기대하고 있는 관광객이 대두하며, 여행은 관광이라는 의사 이벤트가 되었다고 설명한다(ブーアスティン 著, 星野郁美 譯, 『幻影の時代 マスコミが製造する事実』, 東京創元社, 1964). 그가 말한 의사 이벤트란 "자연발생적이 아니라 누군가가 그것을 계획하고 기도, 혹은 선동하기 위해 일으킨 것", "보도되고, 재현된다는 직접적인 목적을 위해 짜여진 것"이다. 따라서 "현실에 대한 관계는 애매"하며, "자기 실현의 예언이며 기획되는 것이 보통이다". 어떤 종류의 굳은 믿음과 단정이 그것에 기반한 행동을 불러일으키고, 그 결과로 현실이 되어버린 것이 자기 실현의 예언이며, 대성공한 영화라는 제멋대로의 선전이 사람들을 끌어당기고 실제로 대성공한 영화가 되어버린다는 것과 같은 현상이다.

현대의 관광여행자는 여행업자에 의해 사전에 교묘하게 만들어진 프로그램에 짜여진 명소를 이동하고 걸을 뿐인 것이 되어버렸다. 브아스틴은 예전의 여행자는 여러 지역에 사는 사람들을 만나기 위해 세계를 주유했지만 현재는 여행업자가 "여행하고 있는 지역에서 관광객을 격리하기 위해 끊임없이 새로운 능률적인 방안을 고안하고 있다"(ブーアスティン 著, 星野郁美 譯, 『幻影の時代 マスコミが製造する事実』, 東京創元社, 1964, 103쪽)고 한다. 관광객은 관광지의 현실에 직접 부딪치는 일은 거의 없고, 여행업자가 만든 눈으로 보이지 않는 캡슐 속에 있으며 거기에서 밖의 관광지를 구경하고 있는 것이다. 캡슐은 관광객의 주위에 있을 뿐만 아니라 관광객의 머리 속에 미리 꽉 채워져 있는 전형화 된 관광지의 이미지 그

자체이다. 관광객은 거기에서 밖으로 나올 수 없는 것이다.

확실히 대부분의 사람들에게는 먼 미지의 땅에 대한 동경, 지루한 일상생활에서 일시적이라 해도 탈출하고 싶다는 욕망이 존재하고 있다. 여행업자와 미디어는 그러한 막연한 욕망, 동경을 시장화하고 하와이와 발리라는 관광지에 대한 동경으로 형상화한다. 사람들은 하와이와 발리로 간다는 기대와 욕망으로 관광에 대한 바람을 가지게 되는 것이다. 사람들은 팸플릿과 미디어에 의해 미리 하와이와 발리를 알고 있다. 이향의 현실에 직접 부딪치는 리얼한 체험이었던 여행은 여행업자와 자기가 부풀렸던 관광지의 이미지를 현지에서 추인하는 의사적인 체험이 되었던 것이다. 더욱이 여행업자는 가이드 북에 실리지 않은 요리점을 발견하는 즐거움조차 준비하고 있다. 이에 대해 여행이란 잘 알려지지 않은 것의 발견이며, 탐험이란 알려져 있지 않은 것의 발견(『トマス・クック物語 近代ツーリズムの創始者』, 117쪽)이라고 말하고 있다. 확실히 브아스틴의 의사 이벤트론은 현재의 관광여행의 일면을 예리하게 알리고 있는 것이다.

미디어·이벤트로서의 만한순유선

이러한 관광여행론의 구조로 보면 아사히신문사가 주최한 만한순유선은 확실히 전형적인 의사 이벤트였다. 만한순유선은 그때까지 아사히신문사를 비롯한 다수의 신문사가 만들었던 이벤트의 연장선상에 있는 기획이었다. 메이지 중기 무렵부터 각 신문사는 박람회, 미술전, 운동경기, 배우 인기투표 등 실로 여러 가지 이벤트를 인위적으로 만들어 왔다(津金澤聰廣 編著, 『近代日本のメディア・イベント』, 同文館, 1996 연표 참조). 그것들은 사회계몽적 의도를 가졌지만 신문사의 판매확장과 광고획득의 영업전술이라는 목적도 컸다. 신문사는 사람들의 호기심을 끌어들이는 사건이 자연발생적으로 일어날 것을 기대하는 것이

아니라 자사에서 '대사건'을 계획해서 만들어냄으로써 발행부수와 광고수입의 증가를 꾀했던 것이다. 아사히신문사의 만한순유선 사업도 기본적으로는 "보도되고 재현된다는 직접적인 목적을 위해 조직되었"던 이벤트의 전형적인 사례였다. 더욱이 아사히신문사는 만한순유선에 이어 1908년(명치 41)에는 세계일주여행회를 주최하고 특히 1910년(명치 43)에는 제2회 세계일주회까지 주최하였다.

여행업자가 만든 여행이 의사 이벤트성을 띠고 있는 이상 그 여행들은 신문사가 처음부터 계획하고 실현했던 것이므로 이벤트성은 노골적이었다. 일본에서 관광여행은 미디어의 이벤트로서 시작되었던 것이다.

관광의 시선(まなざし)의 사회성·역사성

그러나 생각해보면 브아스틴과 같이 과거의 모험여행을 리얼한 체험, 현재의 관광을 의사적 체험으로 양극화하는 것은 현재의 관광여행 특성의 일면을 명확하게 하는 점에서는 유효하지만 과거의 모험여행을 미화해서 지나치게 단순화하도록 생각을 강요한다. 실제로 과거의 모험적 여행이라 할지라도 완전히 선입관 없이 여행을 출발한 것은 아니다. 해도(海圖) 없이 대해로 모험의 출선(出船)을 한 콜럼버스도 인도로의 길을 발견할 수 있을 것이라는 선입관이 있었으며, 신대륙을 발견하고 나서도 결국 그 선입관에서 빠져나가지 못하였다. 그 자신은 '서인도제도'의 발견자이고자 했던 것이다. 그 점에서는 사전에 가지고 있었던 이미지 속에 틀어박혀 있던 의사적 체험이었다고 할 수 있다.

또 근현대의 관광여행은 사람들 속에 있는 막연한 일상생활에서의 이탈원망, 이향에 대한 동경이라는 것을 유형화시킨(패키지화 된) 관광여행의 거푸집에 끼워 넣는다. 참가하는 사람들이 여러 가지 미디어에 의해 심어진 관광지 이미지와 그것에 대응한 여행업자 등에 의해 미리 준비되었던 장치 밖으로 나오는 것은 쉬운 일이 아니다. 많은 관광객은 현지에서 격리된 캡슐 속에서 만족해버린다.

관광객을 현지에서 격리하는 캡슐이 외부 세계에서의 자극을 모두 극복할 정도로 강고하다고는 할 수 없다. 어떠한 장면에서도 자기가 보고 싶은 것, 사고 싶은 상품만 눈에 들어오는 관광객도 있지만 관광지 이미지에 반하여 예상 외의 사건에 곤혹스러워하는 관광객도 적지 않다. 곤혹스러울 수밖에 없는 사건에 직면하여 자기 캡슐에 스스로 갇힐 것인지 혹은 캡슐 밖으로 나가고자 할 것인지의 경계는 꽤 미묘하지만 그러한 사태는 크기와 관계없이 관광여행에서라면 생길 것이다. 그것은 의사 이벤트로서의 관광여행 속에서 생기는 리얼한 체험 혹은 의사 이벤트적 관광이기 때문에 생기는 리얼한 체험이다. 거기에서 의문시 되고 시험하게 되는 캡슐의 강도, 의사성의 강도는 여행자의 개성 문제도 있지만 그 이상으로 그 캡슐이 사회적 · 역사적으로 형성되었던 것이며, 여행자들이 어떠한 사회적 · 역사적 맥락 속에서 외부 세계를 보고 있는가가 큰 문제가 된다.

확실히 근대의 관광여행은 '자연발생적이 아니라 누군가가 그것을 계획하고 꾸미며 혹은 선동했기 때문에 일어난 것'임을 큰 특징으로 하지만 그 의사성을 지적하는 것만으로는 관광여행에 내재하는 문제는 충분히 보이지 않는다. 앞에서 말했듯이 얼마간의 선입관은 여행에 따라붙는 것이며 오히려 그것이 있기 때문이야말로 사람들은 여행에 몰리는 것이다. 또 여행에 나가도 미리 가지고 있었던 선입관 안에 틀어박힌 채로 있는 것이지만 때로는 선입관을 동요시키고, 이향과 자기 자신에 대한 새로운 관점을 형성할 수도 있다. 거기에서는 자연발생적인가, 의사적인가라기보다도 처음 어떠한 선입관을 갖고 이향에 나간 것인가, 또 실제 여행에서 어떻게 이향을 바라볼 것인가라는 문제를 생각할 필요가 있다. 사회적, 역사적으로 형성된 그러한 시선의 모습을 명확하게 함에 따라 근대의 관광여행이라는 현상에 다가설 수 있을 것이다.

다만 관광여행의 시선에 대한 관점에는 다양한 접근이 있을 수 있다. 열차의 차창에서 풍경을 바라보듯이 보는 자가 지각의 대상이 된 공간에 전혀 속하지 않은 채 자기를 조정하는 관점의 성립에서 관광의 탄생을 바라보려고 하는 입장도 있다. 그것은 관광여행의 관점 한 측면을 꿰뚫고 있지만 오히려 본서에서는 특별한 접근을 하고자 한다. 그것은 관광의 시선이 구체적인 역사, 사회에 규정되어 있다는 것을 중시하고 싶은 것이다.

우리가 이향의 사람들과 풍경을 보는 눈 혹은 보는 시선은 어떠한 사회적, 역사적 상황 속에서 형성되고 그 결과 어떠한 관광여행과 관광체험이 성립했던가를 생각하는 점에서 관광여행이라는 특이한 현상이 가진 역사성, 사회성을 보여주는 것이다. 영국의 사회학자 존 알리는 관광의 시선은 "사회적으로 구조화되고 조직화되어 있다"(『観光のまなざし』, 2쪽)고 하였으나 이 사회적 구조화, 조직화의 상태를 명확하게 하고자 한다.

미디어·이벤트의 성립

일본에서 관광여행이 미디어 · 이벤트로서 시작되었다는 것은 사회적으로 구조화되고 조직화된 관광의 시선을 명확하게 함으로써 유리한 조건이 되었던 것이다. 미디어 · 이벤트는 미디어가 사람들의 호기심을 불러일으키고 사람들을 놀라게 하기 위하여 인위적으로 만들어낸 사건이다. 그러나 미디어가 제멋대로 사건을 만들어도 성공하는 것은 아니다. 그것은 각각의 사회적 상황, 시대 상황에서 지표(地表) 아래 묻혀있는 광맥이라고도 말할 수 있다. 사람들의 잠재적 관심을 발굴하는 것이 필요하다. 그것을 구체적인 사건으로 조형함으로써 이벤트는 사회적 관심이 되는 것이다.

미디어 · 이벤트란 지표에서는 보이지 않는 사람들의 의식을 구체적인 형태로 표현하고 있는 것이다. 물론 미디어 · 이벤트란 사람들의 호기심을 불러일으켜 화제가 되지 않으면 안 되므로 당연히 과장과 굴절 등이 동반되고 있다. 그러나 광맥이 완전히 포함되어 있지 않은 재료에서 미디어 · 이벤트는 만들어지지 않는다.

미디어는 그 언설에 따라 광맥에서 원석을 발굴하고 가공, 제품화함으로써 사회적, 문화적 의미를 부여하며 미디어 · 이벤트를 만든다. 러일전쟁 후 아사히신문사의 이벤트로서 만한여행 등이 화제가 되었다는 것은 해외관광에 대한 관심이 막연하지만 존재하며, 관광의 시선이 사회적으로 형성되려고 한 것에 시의적절한 이벤트가 제시되었다고 볼 수 있다. 따라서 이 여행을 둘러싼 아사히신문사의 언설, 그 반향 등을 명확하게 하면 이 시기에 어떠한 관광의 시선이 어떠한 역사적, 사회적 문맥 속에서 형성되었던가를 볼 수 있는 셈이다. 본서는 이 같은 관점에서 러일전쟁 후의 만주 · 한국여행, 세계일주라는 관광여행을 생각해보고자 한다.

'제국의 시대'와 관광여행

우선 요점을 파악하기 위해 관광의 시선이라는 것을 생각해보면 앞에서 서술한 바와 같이 관광여행의 대중화가 실현된 것은 19세기 후반 영국사회이다. 토마스 쿡이 만들어낸 관광여행의 대상이 유럽대륙에서 미국, 인도, 아시아 더 나아가 세계일주까지 확대된 것은 명백히 세계로 확대된 식민지를 지배하는 대영제국의 영광과 군사력을 배후로 했던 것이다. 그리고 관광여행자는 당연하게 산업과 과학으로 세계를 리드하는 대영제국이 '미개국'을 내려다보는 시선을 가지고 여행했던 것이다. 토마스 쿡의 관광여행은 '제국의 시대'(홉스 봄)에 생겨났던 것이다.

서양제국주의를 당연하게 생각하는 관광자들은 보는 주체인 자기들에게 의심을 갖지는 않았을 것이다. 그들에게 스스로가 관광여행자인 것은 지극히 자명한 것이었다. 그러나 보는 주체가 될 수 있는 것은 일정한 역사적, 사회적 산물이다. 서양에서는 제국주의가 보는 주체로서의 해외관광여행자를 만들어낸 것이다.

보여지는 객체에서 보는 주체로

그러나 일본에서는 보는 주체가 된 것은 결코 자명한 것이 아니라 복잡한 굴절을 거친 체험이었다. 본래 일본은 서양인의 '관광의 시선'의 대상이었던 것이다. 토마스 쿡도 일본의 풍경, 풍속이 마음에 들었다고 하지만 이국적인 풍속에 의해 일본인은 유럽관광객에 의해 보여지는 객체였다. 러일전쟁 후 일본인이 해외관광에 나간다는 것은 보는 주체가 되려고 한 것이다. 여기에서 관광의 시선의 180도 전환이야말로 일본에서 관광여행의 탄생을 생각할 수 있는 가장 중요한 지점이다. 이 전환은 무엇을 계기로 했던 것일까, 또 일본인은 보는 주체로서 자기 형성을 할 수 있었던 것일까, 자기 형성했다고 해도 거기에 어떠한 내면적, 외면적 갈등과 굴절이 있었던 것일까. 최초의 단체해외관광여행이었던 만한순유선과 세계일주여행회는 그러한 문제가 집약적으로 나타난 셈이다. 그들 관광여행의 참가자는 어떻게 보는 주체가 될 수 있었을까, 특히 어떠한 시선으로 관광지를 보았을까. 그리고 그것은 관광여행만의 문제가 아니라 일본인이 바깥 세계를 어떻게 보고 있었는가, 바깥 세계와 어떠한 관계를 갖고자 했던 것일까라는 문제에 연결되어 있다.

본서에서는 메이지 시기에 쓰인 신문기사 등을 자료로 이용하고 있기 때문에 당시의 아시아제국에 대한 부당한 차별적 표현과 현재에는 사용하지 않는 옛 지명 등이 인용 등의 기술에 포함되어 있다. 그것들은 어디까지나 근대 일본인의 자의식을 보여주는 역사자료로서 사용하고 있다는 점을 미리 양해 받고자 한다.

관광여행의 성립:

보는 주체의 형성

1

아사히신문사 주최 만한순유여행회

만한순항선 발표

1906년(명치 39) 6월 23일 『도쿄아사히신문』·『오사카아사히신문』 지면에 「공전의 장거(만한순항선의 발향)」로 대대적으로 발표되었던 만한순유선의 기획은 '△만한지방 순항 △만한시찰의 호기 △각종의 편의와 조력 △항해의 취미'와 이 여행의 의의를 선전하였다.

> △만한지방순항 시원함을 물가로 옮겨 더위를 산간으로 피하는 것과 같은 일은 이미 오래이며, 술을 녹색 발의 그림자에 불러 모아 베개를 나무 밑에서 높게 하기에 이르러서는 또 지나치게 사내답지 못하며, 전승국의 국민으로서는 전승국의 국민에 알맞은 호쾌한 행동이 없으면 안 된다. 신흥국의 국민에게는 신흥국의 국민에 알맞은 용감한 소하(消夏)의 책이 없으면 안 된다. 본사는 이에 보는 바 있어 즉 동인의 열의를 거듭하여 일안을 얻어 만한지방순항선 발견의 뜻 곧 이것이다.

여기에서 성하를 맞아 물가와 산간에 피서하는 것은 이미 오래이다. 그

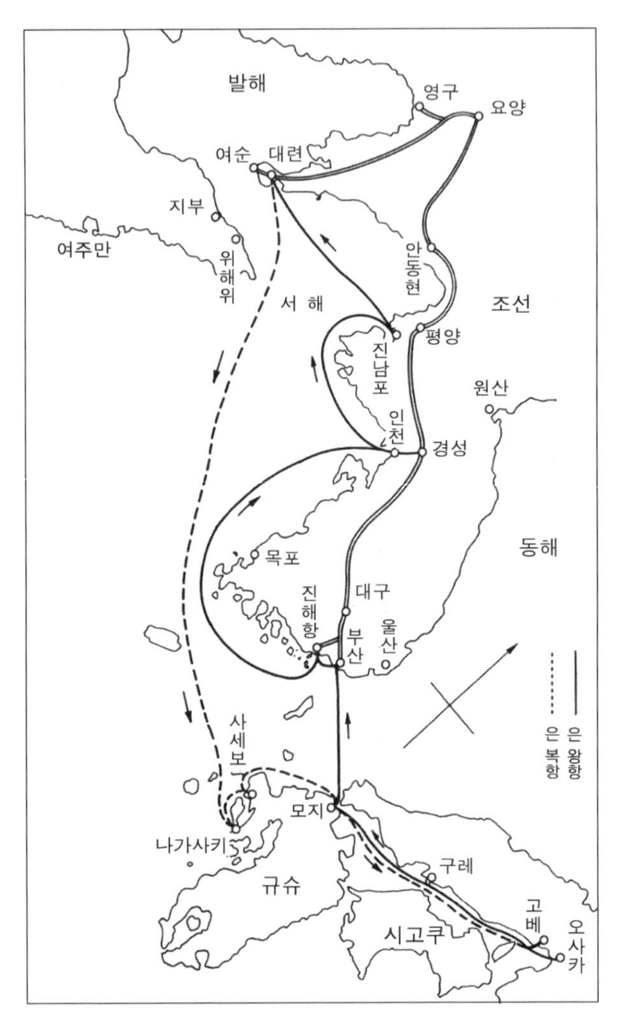

〈그림 1〉 만주한국순유선항로
(『오사카아사히신문』 1906년 6월 24일)

렇다고 해서 발의 그림자로 술을 마시거나 나무 그늘의 낮잠으로 더위를 견디는 것은 지극히 소극적이다. 러일전쟁에서 승리한 전승국민, 세계 일등국민으로 뛰어오른 신흥국민에게는 호쾌하면서 용감한 소하법이 없어서는 안 된다. 거기에서 아시히신문사가 기선을 마련하여 만주 · 한국을 순유한다는 기획을 결심했으므로 독자의 참가를 호소한다는 것이다.

사고에 의하면 순유선이 된 것은 오조기선(尾城汽船)회사 소유의 로셋타마루라는 약 3,800톤의 기선이며, 여정은 7월 25일에 요코하마(横浜)를 출항하여 고베(神戸), 모지(門司)를 거쳐 한국의 부산, 경성 등을 돌아 만주의 대련(大連), 여순(旅順), 장산열도 등을 구경하고 일본으로 돌아오는 것으로 약 30일간이나 걸린다. 승선요금은 갑이 60엔, 을이 45엔, 병이 27엔, 정이 18엔이다. 모집인원은 갑 70명, 을 29명, 병 75명, 정 200인, 합계 374명이었다. "만한제철도임금의 대할인 및 만주에서의 숙사공급에 대해서는 현재 육군성 기타와 교섭중이다"라고 하며 상세한 것은 뒤에 발표하기로 하였다.

간단하게 말하면 이것은 왕복여비, 숙박, 현지에서의 관광 등이 패키지로 된 것이었으며, 더욱이 가이드가 동행하는 단체패키지 여행이었다. 이 같은 여행의 형태는 오늘날 지극히 넘쳐나는 것이 되었기 때문에 '공전의 장거'라고 말할 수는 없다. 그것이 왜 '공전의 장거'가 되었다는 것일까.

여행의 역사

일본에서는 옛날부터 여행이 성행하였다. 더욱이 이세마이리, 오야마마이리와 같이 일반서민이 코를 만들어 단체여행하는 것도 성행하였다. 그들 사사(寺社)에 대한 참배는 종교적 동기에 기반한 것이었던 것은 말할 것도 없지만 동시에 견물유산(見物遊山)이라는 성격도 가지고 있었던 것도 잘 알려져 있다. 이세마이리를 하는 기회에 교토나 나라를 구경하거나 거기까지 발길을 하지 않고 오래된 도시(古市) 주변에서 즐겁게 노는 것이 이세마이리의 숨은 목적이었다.

또 성하에 더위를 피하는 여행과 농한기에 탕치장(湯治場)에 나가는 여행도 있었다. 메이지 중기 이후 철도가 확대되어 가면 피서여행과 온천여행 등도 일상생활과 깊은 관계를 갖게 되었다. 철도회사 등도 명소견학, 계절에 따른 매화꽃놀이와 피서 등의 명목으로 특별열차를 만들어 손님을 모집했던 것이다.

예를 들어 1906년(명치 39) 7월의 『요로즈조호(萬朝報)』 지면을 보면 「기차안내」로서 마쓰시마(松島) 회유열차, 초시(銚子) 회유열차, 간센(官線) 피서열차, 쇼난(湘南) 임시열차, 닛코(日光) 회유열차 등의 광고가 게재되었다. 또 여행회사의 전신이라 생각되지만 실체는 불명확한 후쿠도쿠도(福德堂) 단체여행부가 주최한 에노지마(江之島) 회유회, 다마가와(多摩川) 은어회라는 여행단체의 광고도 있다. 기사로도 각지의 해안, 고원을 소개하는 「피서지 안내」라는 것도 연재되고 있다. 도쿄를 중심으로 도카이도센(東海道線), 도호쿠센(東北線) 등의 철도망이 열렸고, 철도를 이용한 단체 피서여행 등도 자주 행하여졌던 것이다.

그러나 해외여행이 되면 이것은 전혀 달랐다. 예를 들면 1902년(명치 35)의 해외여권 발급 인원을 보면 총계 32,900명이지만 그 안에는 '유력(遊歷)'은 불과 120명, 약 0.4%에 지나지 않았다(『帝國統計年監』). 또 1912년(명치 45) 창립된 재팬 투어리스트 뷰로(현재 주식회사 JTB, 본래의 교통공사의 전신)의 설립 취지는 "본회는 외객을 아방에 유치하고 이들 외객을 위한 제반 시설을 도모함을 목적으로 함"과 외국에서 오는 관광객의 접대를 강조하였으며, 일본인을 해외관광여행에 내보내고자 하는 것은 전혀 상정하지 않았던 것이다. 이러한 상황에서 기선 한 척을 빌려 단체관광객을 해외에 순유시키는 것은 전대미문의 대사업이었으며, '공전의 장거'라는 것도 굳이 과대선전이라 할 수는 없다. 만한순유선은 일본 최초의 해외 패키지 여행이라고 할 수 있다.

여행기획의 목적

그렇다고 해서 신문사인 아사히신문사는 왜 만주한국순유선이라는 사업을 기획했던 것일까. 아사히신문사는 기획을 하였을 뿐만 아니라 사고에 의하면 스스로 여행단을 조직하여 이동부터 숙박의 알선, 현지 가이드까지 여행에 관계있는 여러 가지 업무 대부분을 자사에서 담당하였다. 저널리즘 활동을 하는 신문사가 관광여행업자의 역할까지 수행하고자 한 것은 기묘하다고 하면 기묘하다고 할 수 있다.

거기에서는 매일 매일 독자의 흥미를 끌어 사회적으로 중요한 사건, 적어도 중요하게 보일 수 있는 사건을 끊임없이 보도하지 않으면 안된다는 신문사 경영상의 요청이 있었다. 신문사는 광범한 취재체제를 바탕으로 중요하고도 호기심을 끄는 사건을 수집하고 보도한 것이지만 그것만으로는 사람들의 관심을 끌 뉴스는 충분하지 않았다. 거기에서 신문사는 사람들의 관심을 끌려고 하는 사건을 만들어낸 것이었다. 메이지 중기부터 신문사에 의한 이벤트 창출은 왕성하게 행해지고 있었다. 배우와 국회의원의 인기투표, 각종 의연금 모집부터 시작하여 우에노(上野) 시노바즈노이케(不忍池) 주변의 마라톤대회(1901년 지지신문사(時事新聞社)), 동서 대항 도보여행(1901년 니로쿠신문사(二六新聞社)), 보물찾기(1904, 요로즈조호사)라는 이벤트가 다채롭게 만들어졌다. 특히 러일전쟁 이후는 이벤트 창출이 신문사에게는 중요한 경영전략이 되었다.

러일전쟁과 미디어

러일전쟁은 뉴스에 대한 수요를 높였으며, 당시 최대의 미디어였던 신문의 부수는 크게 비약하였다. 수상 가쓰라 타로(桂太郎)는 자서전에서 "우리나라 유사 이래 러일전쟁 정도로 안위와 존망을 걸었던 적은 없었다. 그 중에서도 병제(兵制)는 전국 개병이라면 도시와 정촌의 구별 없이 특히 촌민이 이 싸움에 참여하는 것이 많아지면 부상자와 전사자의 수도 스스로가 많아지게 될 것이다. 이것은 한편으로는 싸움은 전국민의 전쟁으로서 과거 여러 차례 있었던 무사의 싸움이 아니다(宇野俊一校注, 『桂太郎自傳』, 平凡社, 1993, 331쪽)"라고 쓰고 있다. '전국민'으로서 동원의 대상이 되었던 사람들에게 러일전쟁은 자기 주변의 전쟁, 자기 주변에서 있을 수 없는 전쟁이었다. 거기에서는 신문의 보도가 전황을 아는 거의 유일한 수단이었으므로 사람들은 신문의 보도를 기다리고 기다려 일희일비하게 되었다.

이에 응하기 위하여 각 신문사는 전황보도에 전력을 경주하였다. 전쟁은 돌발적인 자연재해가 아니라 일종의 인위적인 사건(이벤트)이었으며, 이미 예정대로 진행되는 것은 아니라 해도 어느 정도 언제, 어디에서 전쟁이 발발할지를 아는 것이므로 각 신문사는 계획적인 취재체제를 가졌다. 군부는 종군기자를 한 신문사에 한 명으로 제한했지만 유력신문사는 지방신문사의 명의를 빌리는 등의 방법으로 다수의 종군기자를 전지에 파견하였는데, 오사카 마이니치신문사의 기자는 총 41명이 넘었다고 한다(『毎日新聞百年史』, 83쪽). 석간 발행이 없던 당시에 독자의 속보는 무엇보다도 호외였다. 각 신문사는 경쟁적으로 호외를 발행했지만 그 안에서도 오사카에서 거의 과점적 상태를 형성하고 있었던 『오사카아사히신문』과 『오사카마이니치신문(大阪毎日新聞)』은 격렬한 호외경쟁을 전개하였고, 『오사카아사히신문』은 1904년(명치 37) 1년 만에 248회나 호외를 발행하였으며, 하루에 4회 낸 적도 여러 번 있었다고 한다(『朝日新聞社史 明治編』, 448쪽).

속보만이 아니라 사진인쇄기술이 진보하고 시각적(그래픽) 보도가 활용되기 시작하였다. 신문 본지에 마리노니윤전기로 사진망판의 인쇄에 성공한 것은 1904년(명치 37) 2월 17일의 『일본(日本)』이 최초라고 하지만 그 후 각 신문사 모두 기술개발에 집중하여 『도쿄니치니치신문(東京日日新聞)』은 1904년 4월 4일, 「폐새결사대 29용사」의 망판사진을 처음으로 게재하였고(『每日新聞百年史』, 99쪽), 『도쿄아사히신문』은 1904년 9월 30일 동지 최초의 사진으로 요양(遼陽)전투 정경사진을 게재하였다. 뉴스 사진의 게재도 활발하게 되었고, 여순에서의 노기 마레스케(乃木希典)·스테셀(Anatolii mikhailovich Stessel) 두 장군의 회견사진 등도 각지의 지면을 장식하였다.

사진에 의한 전황보도는 신문만이 아니었다. 잡지에서는 하쿠분칸(博文館)의 『일로전쟁실기(日露戰爭實記)』(1904년 2월 13일 창간)는 풍부한 사진과 삽화에 의해 인기를 얻었고, 『일로전쟁사진화보(日露戰爭寫眞畵報)』로 발전하였다. 1896년(명치 29) 무렵부터 신기한 구경거리로서 발흥했던 영화도 러일전쟁 실사(實寫)의 공개로 크게 활기를 띠었다. 외국인 카메라맨, 일본인 카메라맨이 전장에 뛰어들어 스테셀 장군과의 회견에 나가는 노기장군이란 현지의 정경(情景)을 촬영한 것이다(佐藤忠男, 『日本映畵史』, 岩波書店, 1995, 107쪽 이하).

선정적인 전황기사와 사진, 영화 등이 일찍이 없을 정도로 농밀한 정도의 환경을 만들어 내었고, 호외에 일희일비하는 긴장, 고양되었던 사회적 분위기는 독특한 공동의식을 산출하였다. 쿠니키다 돗포(国木田独歩)의 소설 『호외(号外)』는 호외가 나올 때마다 "길을 지나는 생판 모르는 사람에게조차 말을 건네고 싶은 것 같은" 러일전쟁 중의 분위기를 묘사하고 있지만 전쟁과 정보미디어는 '국가'라는 공동성을 실감시켰다. 그리고 강화된 '국민'의식은 점점 정보에 예민해져 갔다.

신문 발생부수의 증가

이러한 '전 국민의 전쟁' 상황이 미디어의 팽창을 가속한 것은 말할 것도 없다. 이 시기 각 신문 발행부수를 객관적으로 보이는 통계는 존재하지 않기 때문에 각종의 추계에 의하지 않을 수 없지만

〈표 1〉 명치 말기·대정기 도쿄 각 신문 추정 발행부수

	1904년	1907년	1912년	1914년
報知新聞	14만	17만 5천	24~25만	24만
國民新聞	2만	3만 4천	20만	19만
東京朝日	9만	8만 1천	17~18만	12만
万朝報	16만	8만 7천	11만	10만
やまと	-	1만 8천	10만	11~12만
時事新報	5만 5천	4만 1천	8~9만	6만
東京毎夕	-	6천	7~8만	19~21만
二六新報	3만 2천	6만	7~8만	5만
都新聞	5만 5천	-	7만	3만
東京日日	3만 5천	2만 4천	4~5만	11~12만
中外商業	1만	1만 8천	4~5만	3만
読売新聞	1만 5천	3만 2천	4만	-
中央新聞	4만	3만 5천	3~4만	11~12만
東京毎日	-	2만 4천	2~3만	3만
日本	1만 2천	2만 7천	-	3만
大阪朝日	20만	-	-	35만
大阪毎日	20만	-	-	35만

(주) 1904년 추정부수, 毎日繁昌社, 『廣告大福帳』, 1904년 10월호, 도쿄 16지 합계: 71만 7천. 오사카 3지 합계: 25만.
1907년 추정부수는 内務省, 「新聞通信社一覧表」, 『原敬關係文書』(제8권에 수록).
1912년 추정부수는 新聞取次業組合幹事長 根岸良吉, 「大正初期から今までの販賣界の變遷」, 『新聞及新聞記者』, 1916년 10월 15일.
1914년 추정부수는 後藤三巴樓, 『新聞及新聞記者』, 二松堂書店, 1915, 118쪽. 연도는 명시되어 있지 않으나 문맥으로 보아 1914년경이다.

추계를 〈표 1〉에서 볼 수 있다. 여기에서 알 수 있는 바와 같이 각 신문은 러일전쟁 전과 전쟁 후에 부수가 증가되었다.

〈표 1〉의 숫자와 약간 어긋나지만 고쿠민신문사(国民新聞社)의 기록에서는 러일전쟁 전은 약 2만 부였던 것이 전쟁 중에는 약 4만부로 배증하고 포츠머스강화조약 체결 시에는 약 6만 5천 부에 달했다(有山輝雄, 『徳富蘇峰と國民新聞』, 吉川弘文館, 1992). 정확한 부수를 알 수 있는 『아사히신문』의 부수를 〈표 2〉에서 알 수 있다. 여기에서도 『오사카아사히신문』, 『도쿄

〈표 2〉 아사히신문 발행부수

	오사카아사히신문	도쿄아사히신문
1899년 상반기	113,249	48,395
1899년 하반기	120,437	59,043
1900년 상반기	126,132	69,429
1900년 하반기	121,684	70,293
1901년 상반기	119,028	65,260
1901년 하반기	–	71,461
1902년 상반기	–	70,610
1902년 하반기	120,155	75,388
1903년 상반기	119,816	71,610
1903년 하반기	132,208	82,151
1904년 상반기	152,403	87,266
1904년 하반기	136,150	98,241
1905년 상반기	132,537	107,223
1905년 하반기	139,257	96,475
1906년 상반기	123,566	77,678
1906년 하반기	137,989	82,073
1907년 상반기	140,644	91,389
1907년 하반기	157,975	101,214
1908년 상반기	157,762	99,794
1908년 하반기	176,762	94,572
1909년 상반기	161,381	101,421
1909년 하반기	175,517	111,292
1910년 상반기	164,382	108,408
1910년 하반기	194,441	120,422
1911년 상반기	–	115,983
1911년 하반기	210,049	125,630
1912년 상반기	201,596	122,095
1912년 하반기	228,080	134,394
1913년 상반기	210,364	126,515
1913년 하반기	–	140,727
1914년 상반기	–	148,495
1914년 하반기	285,952	158,209

아사히신문』의 부수는 전쟁 중 상승했던 것은 명확하다.

그러나 전쟁이 끝나면 전황보도와 강화조약보도의 열광과 흥분의 반동이 찾아왔다. 각 신문은 모두 부수의 감소에 제동을 거는 것에 필사적이 되었으며, 더욱이 전시보도에 다액의 투자를 한 결과 경제적으로는 어려운 상태에 빠졌다. 〈표 2〉의 동서 『아사히신문』을 보아도 1906년은 크게 감소하고 있다.

아사히신문사의 이벤트전략

냉각, 수축되어버린 독자 시장 속에서 각 신문사는 부수를 유지하고 확대하기 위해 격렬한 영업경쟁을 전개하였다. 거기에서 지면 개혁 등 여러 가지 수단이 취해졌지만 그 속에서도 전쟁에 대신하여 독자의 관심을 끌고, 흥분시킬 사건으로서 이벤트의 인위적 창출이 중요한 경영전략이 되었다.

만주한국순유선의 기획은 『도쿄아사히신문』의 경제부장격이었던 마쓰야마 주지로(松山忠二郎)에 의해서였다고 한다. 그가 1906년 6월 11일 편집회의에서 당시 고베-요코하마 간의 정기항로에 취항하고 있던 로셋타마루를 이용하여 만주, 한국의 시찰여행을 행하면 어떠할까라는 제안을 하였고, 주필인 이케베 산잔(池辺三山)은 대찬성하여 마쓰야마를 오사카에 특파하였다. 마쓰야마 주지로의 제안에 아사히신문사의 경영자인 무라야마 료헤이(村山龍平), 우에노 리이치(上野理一)도 즉시 찬성하여 실현을 보게 되었던 것이다(『朝日新聞社 明治編』, 500쪽).

사고가 발표된 것은 6월 22일이므로 기획이 사내에서 제안되고 나서 불과 11일 만에 실행을 결정했던 것이다. 『도쿄아사히신문』 사설도 "지급한 생각을 재빨리 실행한 것이므로 소홀함은 면할 수 없다"(7월 25일, 「送滿韓巡遊船」)라고 인정하고 있을 정도이다. 다만 이만큼 단기간에 결정했던 것은 이 이벤트가 아사히신문사 간부에게는 당시 사회 상황에서 큰 화제가 될 수 있다고 생각되었던 것이다.

앞에서 서술했듯이 해외여행 그 자체가 대모험이라 말할 수 있는 상황에서는 기선을 전세 내어 단체관광객을 해외로 내보낸다는 것은 사람들을 놀라게 하고 호기심을 끌어들일 수 있는 이벤트였다. 단지 이에는 충분한 사전 준비와 안전한 여행을 운영할 조직력, 자금력이 필요하였으며, 아사히신문사로서도 많은 위험을 수반한 이벤트였다. 도쿄에서 발행하면서 오사카 본사에서 말을 꺼내 도쿄와 오사카를 하나로 묶어 진행하게 된 것은 전사 모든 체제가 아니면 충분한 응모자도 모을 수 없고, 성공을 보장할 수 없다는 판단이 있었기 때문일 것이다. 만주한국순유선은 당시 신문사의 이벤트로서는 꽤 대규모였으며, 오사카와 도쿄의 2대도시에서의 신문 발행을 실현하고 있었던 아사히신문사의 힘에 의해 겨우 실현될 수 있었던 것이다.

만주한국관광여행붐의 출현

신청자 쇄도

동서의 아사히신문은 6월 22일의 사고 발표부터 연일 만한순유선을 선전하는 기사를 대대적으로 게재하였다. 예를 들면 『오사카아사히신문』 6월 25일 사고는 "●공전의 장거 ▲만한순유선의 발견(發遣) ▲만한의 강산은 웃으며 해국민(海國民)의 유람을 기다린다 ▲물은 푸르고 산은 파랗게 동포의 피는 그 사이를 물들인다 ▲꿈에 여순을 보고 들어 봉천을 물어도 어떤가 ▲백문은 불여일견 이 때 몇 사람인가 주저한다" 등 감정에 호소하는 표현을 사용하며 이향(異鄕)이고, 러일전쟁의 격전지였던 만주한국에 대한 여행을 유혹하고 있다.

그런데 4일 후인 26일 『도쿄아사히신문』의 기사 「만항순유휘보」는 '갑을병 만원'이란 제목하에 "순항선 출발의 계획은 실로 의외의 호황으로 맞이하였다"고 보도하였다. 아사히신문사는 22일의 발표 이후 점차 자세한 내용을 발표하고 참가자를 모집할 예정이었지만 자세한 내용의 발표를 기다리지 않은 신청자들이 쇄도하여 사고 발표 후 불과 3일 만에 갑종, 을종,

병종이 만원이 되어 버렸던 것이다. 이것은 "본사의 계획이 가장 좋은 시기를 기다렸기 때문이라고도 말할 수 있으나 또 다른 하나는 제군이 평소 본사에 대하여 기지고 있는 신용이 두터웠기 때문"이라고 자화자찬하고 있지만 예상 이상의 신청이었다고 한다.

더욱이 다음날의 『오사카아사히신문』 27일자에는 「만원 신청 중단」이라는 큰 기사를 게재하여 "국민의 기상은 전쟁으로 확실히 웅대해졌으며, 우리 회사 만한순유선의 출발을 발표 후 불과 5일, 갑 · 을 · 병 · 정의 회원 374명, 일찍 이미 만원이 되었으며"라고 발표하였고, 독자에게 만원사례를 단언하였다. 여정 · 선임(船賃) · 목적지 개요 등 요항밖에 발표하지 않은 단계에서 다수의 신청이 쇄도하고, 불과 5일 만에 모두 만원이 되어버린 것이다. 『아사히신문』 사고도 "실로 의외의 호황"이라 인정하고 있듯이 아사히신문사로서도 예상 이상의 대반향이었다. 아사히신문사는 이 대성공에 놀라 "즉시 제2의 배를 논의할 계획을 세우기도 하였으나" 적당한 기선이 급하게 발견되지 않아 어쩔 수 없이 단념했다고 쓸 정도였다(『東京朝日新聞』 7월 25일, 社說 「送滿韓巡遊船」).

여행 서비스·기증품의 쇄도

더욱이 만주한국순유선은 응모자가 쇄도하는 대인기를 얻었을 뿐만 아니라 가장 큰 사회적 반향을 불러일으켰다. 먼저 아사히신문사의 사고가 발표되자마자 육군, 해군과 철도회사 등이 만한여행회에 특별한 편의를 제공하였다. 육군은 대련 · 여순의 상륙 허가와 대련잔교의 무료사용, 육군이 관리하는 한국 및 만주의 철도 전선의 철도운임을 1/3로 감액, 연선의 군용숙사도 군사에 지장이 없는 한 이용을 허가하였다. 해군도 군항인 구레(吳)항과 사세보(佐世保)항에 대한 입항과 해군공창 참관을 허락하였다.

국내의 각 철도회사(東海道官線鐵道, 山陽鐵道, 九州鐵道, 日本鐵道, 甲武鐵道, 川越鐵道)는 가까운 승선항까지의 철도운임의 대폭 할인을 자청하였다. 히가시혼간지(東本願寺)와 니시혼간지(西本願寺)는 부산 · 인천 · 경성 · 대련 · 여순 · 봉천 · 요양 · 철령의 별원(別院)을 숙박소 또는 휴게소로 제공할 것을 허락하였고, 또 와카마쓰(若松)제철소, 미쓰비시(三稜)제철소, 가와사키(川崎)조선소, 오사카(大阪)철공소는 일행의 자유관람을 허가하였다(『東京朝日新聞』 6월 30일).

물론 이러한 편의제공은 아사히신문사측에서 손을 썼다는 것을 쉽게 추측할 수 있다. 다만 하나의 신문사 사업에 육 · 해군, 철도회사 등이 이 정도의 협력을 했다는 것은 만한여행이라는 사업의 의의를 (일본 사회가-번역자) 긍정적으로 받아들였다는 것을 보이고 있다 할 것이다.

또 이들 공적조직에 의한 편의제공뿐만 아니라 일반회사와 개인이 아사히신문사에 기증품을 제공하였다. 이것은 22일의 사고 발표 후 바로 오사카시내 빙고마치(備後町)의 모리시타 히로시(森下博)(모리시타은단)가 정중한 편지와 함께 은단, 미술용기 1,000개를 기증한 것이 최초이며 이후 연일 계속하여 여러 가지 물품이 동서의 아사히신문사에 기증되었다. 기증자와 기증품은 『오사카아사히신문』 · 『도쿄아사히신문』 지면에 게재되었으나 그것을 집계하면 합계 142명, 176건에 이른다. 기증된 물품은 실로 다양해서 위장약 · 살충제 · 화장품 · 치약 · 비누 등 일상생활용품에서 구두 · 넥타이 · 외투 등 의료품, 지도 · 회화책 · 소설 · 기다유(義太夫) 서적[3]부터 종교서 · 무도서에 이르는 다종다양한 서적 · 잡지, 맥주 · 청주 · 사이다 등의 음료수, 탁구부터 반상 게임, 간이침대, 수건 · 손수건, 부채, 엽서 · 봉투 · 연필 등의 문구류-여행회 회원이 모두 사용하지 못할 정도로

3) 기다유(義太夫)는 다케모도기다유(竹本義太夫)가 창시한 조루리(淨瑠璃)의 한 파로 일본의 현악기인 샤미센(三味線)의 반주에 맞추어 특수한 억양과 가락을 붙여 엮어나가는 일본고전음악의 일종이다.

기증되었던 것이다.

각 상점, 개인의 기증이 지면에 게재된 뒤 너도 나도 뒤지지 않으려는 모양새로 기증이 쇄도한 것은 사회의 화제에 편승해서 상품의 선전을 행하고자 했던 목적이 엿보인다. 그러나 그것만은 아닐 것이다. 이만큼 일거에 기증품이 모인 것은 만한여행에 특별한 의미를 부여하는 의식, 즉 제국일본의 '황위(皇威)'가 미치는 최전선, 일본의 새로운 세력권인 만주, 한국을 실제로 시찰한다는 선전문구에 박수갈채하는 의식이 상당히 광범하게 존재하였다는 것을 보이고 있다. 만주한국순유선 사고를 보고 바로 응모한 참가자들의 만주한국에 대한 강한 관심은 응모자뿐만이 아니라 한층 널리 사회에 공유되었다. 그러한 공명판이 있었기 때문에야말로 육군, 해군, 철도회사 만이 아니라 일반의 회사, 상점, 개인까지 만한순유선에 호응하여 지원하는 움직임이 확대되어갔던 것이다.

학생의 반응

만한순유선의 반향은 육해군, 철도회사, 일반회사, 상점을 끌어들였던 것만은 아니었다. 대규모의 만주한국에 대한 학생의 수학여행 붐을 불러일으켰고, 만주한국여행에 대한 관심을 더욱 확대했던 것이다.

본래 아사히신문사는 만한순유선의 참가자로 학생을 기대하고 있었다. 370명의 정원 내에 거의 1/3 정도에 해당하는 200명을 갑종 승선요금의 약 1/3인 정종이라는 가장 낮은 등급으로 할당하였다. 이 같은 정원 비율은 승선 로셋타마루의 선실 관계가 있었겠지만 주로 학생의 응모를 목표로 했던 것으로 『오사카아사히신문』 6월 25일자는 보통의 3등에 해당하는 병종 외에 정종을 둔 이유를 '주로 학생 등을 이 장거에 참가시키려는 정신에서 나온 것'이라 설명하였다.

그러나 실제 학생 신청은 46명으로 정종 안에서도 1/4에 불과하였다.

이것은 학생이 부모와 학교의 허가를 얻는 것에 시간이 걸려 응모가 늦어져 이미 만원이 되어버렸던 것 같다. 이에 대해 『도쿄아사히신문』 6월 27일자에는 「학생만한여행의 편의」라는 기사가 게재되어 육군성이 중학 정도 이상의 학생이 여름방학을 이용하여 만주한국지방을 여행하고자 하는 경우 학교직원이 인솔하는 단체라면 어용선(御用船)의 무임승선 기타 편의를 제공할 것이라 보도하였다. 그 첫 번째로서 가고시마(鹿兒島)중학생 100명에게 이 편의가 제공되었다고 보도하였다. 이 가고시마중학생의 만주한국여행은 시기적으로 보아 아사히신문사의 순유선 사업에 촉발되었다기보다 본래 만한에 대한 수학여행을 계획하고 육군성에 어용선 이용을 요청했던 것이라 할 수 있다.

또 육군측도 처음에는 만주한국에 대한 수학여행을 적극적으로 유치할 방침을 가지고 있던 것은 아니었다. 가고시마중학에 대한 편의 제공에 관해서도 이를 부정하는 보도도 있었을 정도였다(『報知新聞』 6월 29일). 그러나 만한여행이 큰 반향을 일으키고 있는 상황을 보고 육군은 방침을 전환하여 문부성이 적당하다고 인정한 중학 이상의 학생에 대해서는 어용선의 무임승선 등을 허락하기로 하고 문부성에도 통첩하였다(『報知新聞』 6월 30일). 이에 따라 학생의 만한수학여행은 일거에 불타오르게 되었던 것이다.

아사히신문사는 육군의 움직임을 자사의 사업에 결부시켜 6월 28일 『도쿄아사히신문』은 「학생제군 만족한 별도(別途)가 열리다」라는 제목하에 만한순유선은 이미 만원이 되었음에도 불구하고 학생의 응모가 끊이지 않아 중단하는 것도 본의가 아니었지만 26일 육군 당국이 어용선 편승(便乘)의 허가를 준 것은 본사로서도 기쁘다. '부형의 허가를 얻은 제군은 각자 소속학교의 관리자를 졸라 어용선에 편승하라'고 학생의 만한여행을 선동하는 듯한 보도를 하였다. 더욱이 『오사카아사히신문』 6월 30일자에서는 사설 「학생과 만한행」을 게재하고 도쿄 전보를 이용하여 육군의 편의 제공을 대환영하고 '우리 회사는 몇 사람이 이를 기획할 수 있고, 해국민(海國民)의 기상을 키워 대발전 · 대진취의 계기를 만들어 만한의 들을 가슴에 새기지 않으면 안 된다'고 학교에 의한 만한여행을 장려하였다.

아사히신문사뿐만 아니라 다른 신문사도 만주한국수학여행을 칭찬하는 기사를 게재하였다. 특히 열심이었던 것은 『요미우리신문(讀賣新聞)』으로 『요미우리신문』은 6월 20일이라는 이른 단계부터 '우리들은 각 학생이 지금부터 전후해서 만한 혹은 대만으로 수학여행의 기획을 행동으로 나가는 것을 희망함과 함께 우리 관헌이 그들에 대해서 가능한 한 편의를 제공해주어 각 사설철도 및 각 항업자(航業者)가 그들에 대해 무임 또는 대할인의 특전을 주는 것을 바라지 않을 수 없다'고 주장하였다(社說 「修學旅行區域擴大」). 더욱이 육군성의 편의공여가 보도되면 한층 확대를 요구하는 등(6월 28일 社說 「學生の滿韓修學旅行」) 국세 팽창을 위해 할 수 있을 만큼 학생을 해외 수학여행에 보낼 만하다는 것을 주창하였다. 또 지방신문도 현지 학교의 만한수학여행을 장려하는 기사를 게재하였다.

만한수학여행 붐이 되다

이러한 아사히신문사를 비롯한 각 신문사의 주장과 육군의 움직임은 각 학교의 움직임을 가속시켰다. 『오사카아사히신문』 6월 30일자는 히로시마통신원의 기사를 통하여 아사히신문사의 만한순유선이 "각 방면의 사람들에게 자극을 주어 관리, 실업가, 학생 중 예정된 피서책을 바꾸어 같은 방면에의 장유(壯遊)를 꾀하는 것이 연달아 나왔는데 실제로 고등사범학교 등은 교장 이하 직원 약 10명이 문부성에 여름방학 중 만한으로 여행 갈 예정이므로 상당한 편의를 제공해 줄 것을 신청하고, 형편에 따라서는 학생 약간 명을 인솔, 출발해야 한다고 운운"이라 보도하였다. 아사히신문사의 순유선이 자극이 되어 히로시마고등사범학교의 교원이 만한여행을 계획하고 그 편의 조치를 문부성에 신청하였다는 것이다.

이와 같은 아래로부터의 움직임에 응하여 문부성도 만주한국에 대한 수학여행을 적극적으로 진행시키게 되었다. 『오사카아사히신문』 7월 5일자 기사에는 "육군성에서 계획한 학생만한수학여행에 대하여 긴급히 조사한 후에 통지한 바와 같이 전문학무국장의 당부에도 조회가 있었고, 4일 오전 부하(府下) 공사삼중학교(公私三中学校), 전문학교, 사범학교 교원을 소집하여 7일까지 희망자 수, 기타 보조원 등을 신청해야 한다는 뜻을 통달하거나"라고 하였다. 6월 26일 육군 방침에 응하여 문부성 전문학무국장이 각 부현의 각 학교에 사람 수 등의 계획을 긴급히 제출하라고 통달을 하였다는 것이다. 이것이 신문에서 취급한 것으로서 수학여행 붐은 한층 높아졌다.

예를 들면 오사카부에서는 문부성의 통달을 받아 각 학교에 조회한 후 7월 8일에 부하의 만한수학여행 희망을 마감했으나 그 시점에서 희망학교는 15개교, 학생 367명, 보조원 50명, 의사는 5명이라는 대규모로 급증하였으며, 5회에 걸쳐 출항할 정도까지 되었다(『大阪朝日新聞』 7월 9일). 각 지방 각 학교에서도 만한수학여행 붐이 단기간의 사이에 놀라울 정도로 타올랐던 것이다.

소학교 교원에 대한 권유

더욱이 문부성은 학생만이 아니라 소학교원의 만한수학여행도 단체로 만한여행을 갈 때에는 학생의 수학여행과 마찬가지로 어용선 무임승선 등의 편의를 해주는 등 장려하는 방침을 명확히 내세웠다. 이것도 아사히신문사가 주장한 바였다. 『도쿄아사히신문』은 7월 7일 사설 「만한과 소중학교원」을 게재하여, 정부가 학생의 만한수학여행을 특별조치로서 장려하는 정책을 채택했다는 것은 크게 환영할 만한 것이지만 소·중학교 교원, 특히 소학교 교원에게도 특별한 편의를 제공하여 만한여행을 권유해야 한다고 하였다. 왜냐하면 소학교 교원은 러일전쟁에서 위대한 공헌이 있다거나 직접 만주한국땅을 밟아 이전의 제자들의 전적을 방문하여 "현재 및 장래의 제자에게 신흥국 신국민 자격부여에 필요한 식견"을 얻을 수 있다면 국가로서 대단히 유익하다는 것이다.

부현 수준에서도 수학여행과 교원의 여행에 대한 조성 조치가 있었다. 도쿄부 참사회는 부립 각 학교의 만한수학여행보조비로서 2,022엔을 예비비 항목에서 만장일치로 의결하였다(『萬朝報』 7월 5일). 오사카부에서는 지금까지 소학교 교장을 도쿄, 요코하마, 고베 등의 상업지 시찰에 파견하고 있었던 것을 취소하고 소학교 교장 및 대리훈도(교원)가 만한여행에 나가는 것에 1인 당 30엔의 보조금을 주었고, 고등상업의 여행에 도움을 줄 직원에게 약간의 보조금을 지출하기로 하였다(『大阪朝日新聞』 7월 12일). 또 미에현(三重縣)에서도 만한시찰의 소학교 교원에게 15엔, 현립학교 직원에게 25엔, 합계 200엔을 지출하는 조치를 하였다.

6월 하순부터 7월에 걸쳐 만주한국에 대한 여행과 소학교 교원의 여행에 관하여 신문지면에서 찾아낸 것만으로도 도쿄부, 오사카부, 히로시마현, 미에현, 시가현, 가가와현(香川県), 가고시마현, 구마모토현의 각 학교에서 수학여행이 행하여져서 도쿄부, 오사카부, 시가현, 아이치현, 가가와현 등에서 교원의 파견이 이루어졌음을 알 수 있다.

육군의 배선(配船)은 〈표 3〉과 같았다(『讀売新聞』 6월 30일).

『지지신보』 7월 23일자 기사는 문부성 조사로서 직할학교 17개교, 학습원 기타 각 사립전문학교 등 8개교의 신청학생수 821명, 보조원 81명, 의사 7명, 합계 909명, 각 부현의 신청자는 학생 4,300명, 직원 71명, 소학교 교원 등 1,650명, 의사 56명, 합계 6,717명이었으며, 신청자 총수는 7,617명에 달했다고 한다. 그러나 선박 사정으로 이 모두를 허락할 수 없었기 때문에 실제 여행자 총수는 3,694명이었다.

〈표 3〉 육군의 배선

선명	인원(인)	승선지	승선예정일
樺太丸	600	宇品	7월 15일
小滝丸	650	宇品	7월 19일
神宮丸	650	宇品	7월 23일
御吉野丸	1,000	宇品	7월 25일
樺太丸	600	宇品	7월 29일

갑작스럽고 열광적이라고 말할 수 있을 정도의 만주한국수학여행, 소학교원 등의 만주한국여행이 불타올랐던 것이다. 아사히신문사의 만주한국순유선이 불쏘시개 역할이었다면 각 지방, 각 학교 등으로 불이 옮겨 붙고, 그것에 육군성, 문부성이 기름을 부어 점점 불타올랐던 것이다. 아사히신문사는 미디어·이벤트를 위한 대광맥을 발굴한 것이다.

관광주체의 형성

해외여행의 경제적 조건

아사히신문사의 만한순유선은 예상 이상으로 큰 에너지를 분출하였다. 그렇다 하더라도 왜 이렇게 큰 만주한국여행 붐이 분출했던 것일까? 먼저 생각되는 것은 해외여행을 가능하게 한 사회경제적 조건이 충분히 성립했다는 것이다. 만주한국순유선은 약 30일의 여정, 60엔부터 18엔이라는 비용이 들었다. 이외에 식비(선내에서는 갑종 · 을종은 1일 75전, 병종 · 정종은 1일 36전)와 승차요금 등을 요하므로 상당한 경제적, 시간적 여유가 없으면 참가할 수 없었다.

예를 들면 당시 소학교 정교원의 급여를 보면 심상소학교 정교원은 인구 10만 이상의 도시의 경우 16엔, 고등소학교 정교원은 마찬가지로 인구 10만 이상의 도시에서 평균 20엔(『大阪朝日新聞』 1906년 6월 28일)이며, 정종의 승선요금만으로도 소학교 교원 월급의 거의 1개월분에 해당하였다. 이 정도로 비싼 여행에 신청하기에는 상당한 저축을 하지 않으면 안 되었을 것이다. 그러나 그럼에도 다수의 응모자가 단기간에 모였던 것이다.

참가자의 구성

전참가자의 성명, 주소, 직업은 신문지면에 발표된 것으로 알 수 있다. 만한여행회 회원으로서 발표된 참가자는 당초 예정된 374명보다 약간 많아 합계 389명이다. 이것을 부현별, 직업별로 정리하면 〈표 4〉, 〈표 5〉와 같다.

〈표 4〉 만한여행회 회원의 출신 지역

주소별	인원	비고
大阪	133	大阪 124, 河內·和泉·茨木·三島郡을 포함
東京	91	
京都	46	綴喜郡을 포함
愛知	11	名古屋, 三河
神戶	9	
長野	9	信濃을 포함
滋賀	8	大津, 近江, 滋賀의 합산
기타	82	
합계	389	

〈표 5〉 만한여행회 회원의 직업별 회원수

상업	학생	제조업	교사	회사원	농업	변호사	승려	의사	무직
146	46	29	20	18	16	8	8	4	36

주소별, 직업별 회원수는 모두 신청자가 스스로 신고한 것으로 필자가 정리하였다. 또 승선요금은 갑의 60엔부터 정의 18엔까지 약 3배 이상의 격차가 있으며, 당연히 사회계층과 관계있다고 생각되지만 지면에 기재되어 있는 성명에는 갑 · 을 · 병 · 정의 등급별은 표기되어 있지 않아 유감이지만 알 수 없다.

부현별로는 도후쿠(東北)지방에서 규슈지방까지 거의 전국에 걸쳐 있으나 오사카가 가장 많아 133명, 다음이 도쿄가 91명, 세 번째가 교토 46명이다. 오사카, 교토, 고베, 시가를 합치면 195명으로 전체의 약 50%가 된다. 이것은 서일본과 동일본에서 만주한국여행에 대한 관심의 차가 있었다고 볼 수 있을지도 모르지만 오히려 『오사카아사히신문』과 『도쿄아사히신문』의 독자시장에서의 점유율 차로 볼 수 있을 것이다. 『오사카아사히신문』은 간사이지구에서 『오사카마이니치신문』과 거의 과점상태를 형성하고 이들 지방에서 압도적으로 독자시장을 지배하고 있었다. 이에 비해 당시 『도쿄아사히신문』은 〈표 1〉, 〈표 2〉에서 본 바와 같이 도쿄에서는 유력지였으나 『오사카아사히신문』 정도로 독자시장에서의 점유율이 높지는 않았다.

직업별로 보면 가장 많은 것이 상업으로 144명, 두 번째가 학생 46명, 제조업 29명, 교사 20명, 회사원 18명이다. 신청자의 대다수는 상업, 학생, 제조업, 회사원, 변호사, 의사 등의 도시 직업에 종사하고 있다. 그것은 부현별로도 오사카, 도쿄, 교토와 같은 대도시가 많았던 것에도 부합한다. 도시 중류층을 중심으로 일정한 시간과 비용을 들여 해외여행에 나갈 수 있는 사회경제적 조건이 성립했던 것이다. 반면에 농업은 16명(약 4%)으로 대단히 적다. 이것은 『오사카아사히신문』과 『도쿄아사히신문』이 농촌지대에까지 충분히 침투하지 못했다거나 혹은 농업자의 만주한국에 대한 관심이 낮았다고도 생각되지만 약 30일 간이나 집을 비우는 것이 농업자에게는 무리였기 때문일 것이다. 농업 참가자는 적어도 지주층이었을 것이다.

'제국의 무위(武威)'를 보다

확실히 사회경제적 조건은 해외여행이 성립할 필요조건의 하나이다. 그러나 경제적, 시간적 여유가 생겼다고 해도 해외여행이 전례 없던 시기에 일부러 만주한국까지 여행을 나가는 것은 아닐 것이다. 만주한국여행으로 도약하기에는 상당히 강한 동기가 있었던 것이다.

만주한국여행에 관하여 아사히신문사의 사고는 다음과 같이 설명하였다.

> △만한시찰의 호기 저 만한의 항만, 산야는 우리 충성스럽고 용맹한 육해군 용사가 혈전역투(血戰力鬪)하여 제국의 무위를 발양한 곳, 생각하기에 직접 여기에서 전적(戰蹟)을 찾아 충용을 묵념하고 위로하며, 더불어 우리 황위(皇威)가 어디에까지 미치는가를 시찰해보는 것도 적어도 일본이 무엇인가를 이해하려는 내외인이 똑같이 갈망하는 바이다. 다만 운수의 시설이 아직 미비하고, 시찰 수단이 충분하다고는 말할 수 없고, 더욱이 이를 요하는 시일과 동료를 모두 빨리 얻기 어려우므로 헛되이 그 희망을 이루기에 주저하지 않을 수 없을 뿐 우리 회사가 30일간의 하기를 이용하여 만한순시의 수단을 많은 사람에게 제공하고자 한 것은 실로 이 수요에 대응하고자 하는 작은 뜻에 지나지 않는다.

만주한국여행으로 여름의 답답함을 달래고 사적, 개인적인 즐거움이라는 성격도 있지만 그 이상의 의미가 이 여행에는 부여되어 있었다. 만주한국이 용감하고 씩씩한 피서의 땅이 되는 것은 그것이 '우리 충성스럽고 용맹한 육해군 용사가 혈전역투하여 제국의 무위를 발양한 곳' 즉 청일전쟁과 러일전쟁의 두 번에 걸친 전장이었기 때문이다. 만한순유선이 방문할 여순, 대련 등은 단지 외지의 임의의 장소를 가리키는 지명이 아니라 일본군이 용감하게 싸운 땅이라는 전쟁의 기억이 상기되어 참조되는 것이므로 특별한 감정을 환기시키고, 특별한 의미를 갖는 역사적 상징의 땅이 되었던 것이다. 그에 따라 만주한국여행은 단지 피서를 위해서가 아니라 '호쾌, 용감하고 씩씩한 피서법'이 된 것이다. 그리고 그 역사적 기억은 일본국민·'신흥국의 국민'이라는 공동성에 기반한 것이며, 만주한국여행은 사적 여행이 아니라 '신흥국의 국민'으로서 나아가야 할 여행이 되었던 것이다.

'국민' 의식과 '제국민' 의식

아사히신문사는 러일전쟁에서 승전하여 고양된 '국민' 의식에 크게 호소하여 순유선의 참가자를 모집하였다. 본래 이것은 아사히신문사의 호소였으며, 이것을 가지고 참가자의 의식이라 단언할 수는 없겠지만 지극히 단기간에 신청자가 쇄도하고 더욱이 만한수학여행까지 붐이 되었다는 것은 이 호소가 강하게 공감을 얻었다는 것일 것이다.

앞에서 인용하였던 러일전쟁 당시의 수상 가쓰라 타로의 말처럼 러일전쟁은 '전국민의 전쟁'이었고, 대규모로 민중이 동원된 전쟁이었다. 거기에 신문, 잡지 혹은 영화 등의 미디어가 먼 외지의 전쟁에 관한 뉴스, 영상 등을 이제껏 없었던 규모로 전하였다. 이러한 정보환경은 지역과 출신을 동질화하고 국가에 대한 소속의식, '국민'이라는 의식을 강화, 앙양시켰다. 이로카와 다이키치(色川大吉)는 "'국가'가 전국민적인 운명공동체의 환상을 이용했던 것은 러일전쟁 때였다. 그 공동환상의 운명적, 민족적 실감이야말로 그것이 메이지의 대중을 '나라'에 동화시켰던 것이다"(『明治の文化』, 361쪽)라고 서술했지만 "이미지로서 마음에 그려진 상상의 정치 공동체"로서의 '국민(ベネディクト ・アンダーソン, 『想像の共同體』)'을 형성하는 데 러일전쟁은 획기적인 사건이었다. 물론 청일전쟁도 그러한 의식의 형성에 큰 역할을 수행하였으나 러일전쟁은 그것을 한층 확고부동하게 하고 또 의심할 여지가 없게 하였던 것이다. 앙양시킨 '국민' 의식이 전제가 되지 않았다면 만주한국여행이 큰 붐을 이루지 못하였을 것이다.

그러나 아사히신문사가 호소하고자 했던 것은 '국가'에 대한 소속 의식, '국민'의 일체감만이 아니었다. '우리 황위가 주변에 미치는가를 시찰'하는 것의 의의를 호소하고자 하였다. 청일전쟁과 러일전쟁의 전적은 지나간 과거의 영광으로서 회고되는 땅임과 동시에 일본이 지금 자기의 세력권으로 하고자 하고 있는 땅, 일본 팽창의 최전선의 땅이었던 것이다. 그것을 현지에서 실제로 보는 것이 여행의 가장 중요한 의의였다.

거기에서 알 수 있는 것은 '국민'이라는 의식에서 일보 나아가 일본이 외지와 이민족을 자기의 산하에 넣은 제국이 되었다는 의식이다. 제1차 한일협약에 따라 한국을 보호국화하고 더욱이 포츠머스조약에 따라 동청철도(東淸鐵道) 등을 획득한 '황위'는 지금 대륙에까지 미쳐 일본은 제국으로 올라서서 우리는 '제국민'이라는 의식이 부상해왔던 것이다. 『오사카아사히신문』 사고는 '하물며 전후 경영의 일단으로서 우리 국민이 재능을 만한으로 펼치려고 하는데, 현지 시찰의 필요는 말할 것도 없다'며 만주한국은 일본이 장래에 경제적 확대를 실현해야 할 땅이라고 현지 시찰의 의의를 설명하였다.

또 아사히신문사 사고는 만한순유선이 해국(海國)의 기상을 양성하는 것으로도 강조하였다.

> 특히 항해의 취미는 해국민이 기르지 않으면 안 되는바 슬프구나 우리나라 사람 대부분이 이 점에서 결여되어 있다. (중략) 우리 회사가 특별히 내지를 버리고 만한을 취해 10일간의 발섭(跋涉)을 대신한 30일간의 장유(壯遊)로서 한 것 또한 오로지 이것에 따라 청년의 사기를 고무하고 해국남아의 진면목을 기르게 하고자 한 뜻에 다름 아니다(이하 생략).

이 경우 해국(海國)이란 직접적으로는 일본이 4면이 바다로 둘러싸인 지리적 조건을 가리키는 것이지만 그것만이 아니라 러일전쟁에서의 해군의 활약 등을 연상시켜 바다를 건너 나라의 세력을 확대시켜 가는 의미를 내포하고 있다. 해국이란 바다에 의해 닫혀있는 것이 아니라 바다를 넘어 웅비해가는 국가라는 이미지이다. 은근히 세계 속에서 광대한 식민지를 보유한 해양제국 영국과 일본을 중첩시킨 이미지인 것이다. 당시에는 '제국주의'라는 단어는 결코 부정적인 것이 아니라 오히려 플러스의 의미이며 일본이 서양제국과 동렬의 문명국이 되었다는 증거로도 생각되어졌던 것이다.

러일전쟁 후의 사회의식에 관한 연구에서는 막말(幕末) 이래의 대외적 위기감이 전승에 따라 개인의식으로 대두한다는 설이 유력하다. 확실히 청년학생층을 중심으로 국가의 문제보다 개인의 내면에 침잠하는 경향 등이 문학, 철학 등 다양한 영역에서 현저하게 나타났다. 그러나 이 관광여행을 포함하여 다양한 사회현상에서 보면 개인화는 일부 지식층에서 보여지는 동향이었으며, 보다 광범한 사회의식으로서는 제국주의적 팽창을 기뻐하는 풍조와 대국으로 뻗어 올랐다는 의식이 큰 복류(伏流)가 되었다고 생각하는 것이 타당하다고 생각할 수 있다.

요컨대 러일전쟁 후의 제국의식이 최초의 해외관광여행을 만들어낸 계기가 되었다. 여행자가 지향한 것이 만주한국이었던 것은 우연은 아니었다. 만주한국은 청일전쟁, 러일전쟁의 전승이라는 역사적 기억으로 채워져 있는 땅이며, 동시에 지금에 와서는 제국 일본의 '황위'가 실현될 땅, 나아가 금후 일본의 세력이 확대, 진출해야만 할 땅이었다. 만주한국은 제국민에게 과거, 현재, 미래를 관통하는 특별한 이야기가 전해져온 땅이었기 때문에 반드시 여행해야 할 땅이었던 것이다. 여행은 제국일본의 달성이라는 이야기를 최전선인 현지에서 시인하는 여행으로 위치 지워졌던 것이다.

있어야 할 것으로서의 제국의식

그러나 제국의식이 대두했다고 해도 그것이 시작부터 확고한 것으로 생성된 것은 아니었다. 그것은 '전승국민으로서 어울려야만 하는 호쾌한 행동이 없으면 안 된다'는 아사히신문사 사고에도 표현되어 있는 바와 같이 있어야만 할 의식으로서 해외웅비를 설명, 고무하고 있는 것이다.

본래 러일전쟁은 당시 대다수의 일본인에게는 석연치 않은 승리였다. 전장에서 일본군은 빛나는 승리에 열광하였으나 최후의 강화조약문제에서 그 승리에 부합하는 것을 얻지 못하였다는 실망감이 폭발한 개운치 않은 뒷맛이 남았던 것이다. 그러나 1906년 4월 30일에는 육군의 대개선식이 개최되어 도쿄시민은 러시아군을 격파한 일본군의 위용을 눈앞에서 보았다. 또 남만주철도회사의 설립이 각의에서 결정되는 등 만주 경영에 대한 관심도 높아졌고, 실현하지 못한 만주박람회 개최도 화제가 되었다. 히비야소토사건(日比谷燒討事件)[4] 이래의 답답한 분위기가 사라졌고, 러일전쟁은 대승리였던 것이다. 일본은 만주한국을 세력권에 포함한 제국으로 올라섰다는 의식을 재활성화해갔던 것이다. 그러한 시기에 만주한국순유선의 기획이 발표되어 전승국민이 가져야 할 호쾌한 기상, 제국민에게 어울리게 만주한국을 실제로 보아야 한다는 언설에 따라 이벤트로서의 여행이 만들어졌다. 있어야 할 제국의식을 높이 내거는 것에 따라 불확실한 전승국의식을 만들어내고자 한 역립(逆立)의 논법이라고도 말할 수 있다. 만들어 온 제국의식이 이러한 역립한 것이었다는 것은 관광여행에 미묘한 그림자를 던진 것일 것이다.

제국의식과 보는 주체

관광여행은 말할 것도 없이 보는 체험이다. 국내의 견물유산(見物遊山), 관광여행은 특히 외국과의 관계에서 말하면 관광은 오로지 서양에서 일본으로 찾아오는 서양인이 행하는 행위였다. 막말 이래의 서양관광객의 일본여행기는 수많이 남아있으나 거기에서의 일본인은 관광의 상징이며 서양관광객으로부터 이국 취향적으로 보여지는 객

---

4) 1905년 러일전쟁 강화조약에 반대한 민중의 폭동사건. 頭山滿, 河野広中 등의 대외강경론자에 의해 강화반대 국민대회가 히비야공원에서 개최되었다. 대회에 참석한 민중이 폭동화하여, 친정부지인 국민신문사, 내무상 관저, 기독교협회, 경찰서 등을 불태웠다. 이에 일본정부는 계엄령을 공포하여 단속하였다.

체였다. 관광은 '보는' 서양관광객과 '보여지는' 일본인이라는 관계에서 성립했던 것이다. 그리고 서양관광객의 시선은 암묵적으로 혹은 명백하게 이향을 내려다보고 복종시키고자 한 권력성을 내재하였다고 말할 수 있을 것이다.

물론 일본인은 항상 보여지는 존재였던 것은 아니다. 일본인도 방문하는 관광객을 본다. 그리고 그 풍속의 다른 모습에 놀라기도 한다. 다만 그것은 간혹 서양관광객의 시선에 포착되어 보여지는 객체가 된 것에 대한 일시적인 반추에 지나지 않는다. 일본인 측이 '보는' 것을 주동했던 것은 아니다.

또 막말 개국 이래 일본인이 집단으로 해외에 여행으로 나간 사례도 많다. 도쿠가와바쿠후(德川幕府)는 아메리카와 유럽에 사절단을 파견하였고, 메이지정부 시기에는 이와쿠라사절단(岩倉使節團)을 비롯하여 다양한 사명을 가졌던 사절단을 더 많이 내보냈다. 그것들은 해외의 정치, 경제, 산업 등을 실제로 보고자 한 여행, 일본인 측이 '보는' 여행이었다. 그러나 거기에서의 '보는' 행위는 스스로의 후진성의 자각 위에 서있었다. 그 시선은 시작부터 방기했던 '종순(從順)'으로 근면한 학습자의 그것이다.

막말·메이지 초기의 일본인은 서양인에게서 보여지는 존재로서의 자신을 특별히 의식하고 있지 않았을지도 모른다. 그러나 문명개화 이후 자신을 서양문명의 척도에 맞추고자 하듯이 되고나서는 서양인의 시선을 항상 의식하고, 서양인에게서 보여지고 있다는 자의식을 갖게 되었다.

특히 서양인으로부터 작고 열등한 존재로 보여지는 자신을 의식하고 있었다. 일례로 『호지신문(報知新聞)』 1906년 4월 14일부터 연재된 「관광외인의 소감」이라는 만화가 있다(〈그림 2〉). 거기에서는 외인의 눈으로는 일본의 가옥, 일본인의 신체가 작고 빈약한 것으로 보일 수 있다는 것을 자학적으로 묘사하였다. 이것은 일본인 자의식의 하나의 표현이었다.

'아무리 해도 일본인과 악수하는 것은 꽤 힘든 일이다. 정거장 등에서 일일이 일본인과 악수할 때 등은 실로 지긋지긋하다. 그러나 그것만으로도 강한 것이기 때문에 놀랍다.

'일본의 기차는 쓸데없이 느리지 않은가? 자 한번 경주해볼까? 아자~

〈그림 2〉 관광외인의 소감(『報知新聞』 1906년 4월 17~18일).

그러나 만주한국여행은 이제까지 '보여지는' 객체였던 일본인이 '보는' 주체가 되고자 하는 여행이었다. 이 180도 전환의 기점이 된 것은 지금까지 서술해왔듯이 러일전쟁 후의 전승국 의식, 제국 의식이었다. 여행자들은 제국 일본의 발전과 일체화함에 따라 '보는' 주체, 관광의 주체가 되고자 한 것이었다. 거기에 이향의 명승구적을 '보는' 독특한 시선이 사회적으로 성립해간다. 그것은 제국의 시선이라 해도 좋을지도 모른다.

전술하였듯이 알리는 푸코가 말한 의학의 시선을 모방하여 관광의 시선은 '사회적으로 구조화되고 조직화되어 있다'고 한다(『観光のまなざし』). 사회적 제도로서의 의학은 '구조화되고 조직화되어 있'는 시선을 통해 병자를 보는 것이지만 그것과 마찬가지로 관광객도 사회적으로 '구조화되고 조직화'된 시선을 통해 이향을 보는 것이다. 만주한국여행이 사회적으로 큰 붐이 되었다는 것은 일본인이 사회적으로 구조화되고 조직화되었던 관광의 시선을 가지기 시작했다는 것이다.

이 관광의 시선은 '사회에 따라서도 시대에 따라서도 다양한 것이다'(알리). 일본의 관광여행이 서양의 관광여행과 마찬가지로 제국 의식의 생성을 계기로 한 것이라고 해도 일본의 제국 의식은 서양과는 다르며 관광 최초의 대상이었던 만주한국과의 역사적, 문화적 관계도 어떠한 시선으로 이향을 보는가, 어떠한 관광의 주체가 되었는가가 다음의 문제이다.

만주한국여행:

제국민의 시선

2

만주한국여행단의 형성

수학여행의 출발

7월 중순이 되자 아사히신문사 주최의 만한순유선에 앞서 수학여행을 가는 학생들이 잇달아 출발하기 시작했다. 가장 이른 것은 도쿄고등사범학교(직원 21명, 학생 168명, 용인 3명, 합계 192명)와 도쿄부립사범학교의 일행으로 7월 13일 오전 6시, 신바시(新橋)를 힘차게 출발하였다. 그들은 오사카, 고베를 경유하여 15일 오전 6시에 히로시마현 우지나에 도착해서 동항에서 바로 고토히라마루(琴平丸, 3,700톤)에 승선했다. 산요센이 고베에서 바칸(현 시모토세키)까지 개통해 도쿄에서 바칸까지의 철도가 직통이 된 것은 1901년(명치 34)의 일이다. 이 도카이도센 · 산요센은 러일전쟁 중 병사와 물자 수송의 대동맥으로 가장 많이 활용되었지만 그것이 지금은 새로운 세력권인 만주한국을 빨리 구경하려고 나간 학생들을 운송하게 되었다. 도쿄고등사범학교 등의 학생을 태운 고토히라마루는 우지나를 출항한 후 16일 모지에 기항해서 가고시마 조사관(鹿児島 造士館) 의 학생을 태워 총 약 600명이라는 큰 단체가 되어 2일에 걸쳐 서해를 횡단하여 18일에 대련에 입항했다.

그 뒤 전국 학교의 학생들이 잇달아 우지나와 모지에 모여 육군에서 준비한 작은 배에 타서 7월 하순에 차례로 만주여행에 나섰다. 육군이 학생의 만주수학여행에 어용선(御用船) 무임의 편의를 발표한 것은 6월 27일이므로 약 1개월 정도 만에 전국의 학생이 출발한 것이 된다. 지극히 짧은 시간에 수학여행이 실행에 옮겨진 것이다. 이것만으로도 만주 · 한국 수학여행 붐이 얼마나 고양되었는가를 알 수 있으며, 각 학교는 이 붐에 뒤떨어지지 않기 위해 일제히 뛰어든 것을 살펴볼 수 있다.

미디어가 연결한 만주한국순유여행회

그런데 불씨였던 아사히신문사 주최의 만한순유선의 경우는 한 신문사의 기획이었고 학교와 달리 전국 각지에서 응모한 생면부지의 다양한 사람들이 갑자기 모여 단체를 만들었기 때문에 처음에는 큰 화제가 되었으나 실제의 준비는 용이하지 못했다.

지금까지의 이세마이리, 오야마마이리 등의 참가자는 코 집단으로 여행하는 것이 통례였고 이러한 코는 신앙심을 핵으로 하면서 주로 지연에 의한 결합, 일상생활에서의 교제의 연장선상에서 여행집단으로 형성되었다. 또 여행집단이 해소되었어도 일상생활상의 교제는 이어졌다. 거기에서는 혈연, 지연 등을 통해 여행의 작법(作法), 집단 내의 규칙 등이 그때까지의 관습 안에서 완성되고, 암묵적으로 때로는 명시적으로 합의가 되었다.

그러나 만주한국순유여행회는 그때까지 서로 전혀 인연도 관계도 없이, 사회계층과 연령, 여행에 대한 생각이 전혀 다른 사람이 제국민이라는 상상의 공동체의식을 바탕으로 미디어의 부름에 따라 모여 여행단을 결성해 장기간 함께 여행하려고 한 전례가 없는 집단이었다.

참가자들은 서로 얼굴도 몰랐을 뿐만 아니라 한 사람 한 사람 해외여행자가 된다는 것이 어떤 것인지 알고 있었던 것은 아니었다. 용감하게 응모하긴 했지만 해외여행 경험은 없고, 어떠한 마음의 준비나 복장이 필요한 것인지 조차도 전혀 짐작이 가지 않았다. 더욱이 주최한 아사히신문사 자체도 해외관광여행을 조직한 경험이 전혀 없었고, 만주한국의 실정에 대해 상세하게 알지 못했다. 해외단체여행이 어떤 것일까에 대해 각별한 공통 이해가 성립한 것도 없었다는 것이다. 따라서 신문사와 참가자 모두 더듬더듬 해외여행자를 만들거나 혹은 해외여행자로서 자기를 형성해서 그 바탕에서 여행단을 만들어 가지 않으면 안 되었던 것이다.

문명국의 여행자 스타일

『아사히신문』은 7월 상순부터 하순에 걸쳐 연일 신문지면에서 각계 저명인의 만주한국순유선기획을 극찬하는 기사를 연재하는 등 분위기를 조성하였고 더 나아가 여행에 관한 여러 가지 정보, 만주한국에서 이용하는 철도 · 숙박 등의 준비, 식료 · 휴대필수품 등의 정보와 주의사항을 차례로 게재하였다. 이것은 계산된 선전전술이라기보다 여행경험이 없는 신청자로부터 불안이 섞인 여러 가지 질문이 쏟아져 들어왔고, 준비가 부족했던 아사히신문사는 조금씩 정보를 수집해 발표했다는 것이 실정이었던 것 같다. 그러나 그것이 결과적으로는 해외여행자를 만들어 가는 것이 되었다.

주의사항을 보면 예를 들어 복장에 대해서는 "배 안에서는 일본식과 서양식 어느 것도 괜찮지만 상륙 후에는 양복이 아니면 불편하다. 그리고 만주는 도로사정이 나쁜 곳이 있으므로 장화 또는 반장화를 준비하는 편이 좋을 것이다"라고 했다. 휴대품에 대한 주의사항은 자주 바뀌었지만 주요 내용은 어깨에 메는 가방, 연필, 수첩, 우편엽서, 종이, 치약, 이쑤시개, 비누, 수건 및 손수건 준비, 목제 찻잔, 코르크 마개뽑이, 나이프, 무명실, 바

늘, 휴대용 모기장, 호단(宝丹),[5] 부채, 물통, 털로 짠 복대, 셔츠(갈아입는 용), 잠옷, 비옷, 모포, 각반, 양말, 베개(육지용), 실내용 조리(혹은 슬리퍼), 안경(보통 귀에 거는 것이 좋지만 모래막이 안경은 여름철에는 오히려 불편함) 등 상세하게 충고하였다.

이러한 여행자에 대한 실용적인 주의는 현재의 여행가이드북에서도 자주 볼 수 있다. 단지 실용적인 주의사항의 배후에서 아사히신문사가 생각하는 해외여행자로서의 당연한 스타일 나아가 만주한국에 대한 여행을 어떻게 보고 있었는지를 살펴볼 수 있다. 일반적으로 당시 일상복은 일본식이었지만 상륙시에는 외관상 좋은 양복이 바람직하다. 물론 양복이 활동적이고 편리하긴 하지만 문명국의 복장으로서 장려되었을 것이다. 또한 휴대용품으로 언급된 여러 가지 물건은 확실히 여행의 필수품이긴 하지만 현지의 불결함을 전제로 하여 청결함을 유지하기 위한 여러 도구를 준비한다고 한 것이다. 당시의 만주한국의 실정에서 보면 이것은 굳이 아사히신문사가 멋대로 생각한 것은 아니었을 것이지만 '불결 · 불편 · 미개'한 만주한국에 대해 '문명화'된 일본국민이라는 대비를 암묵적이고도 자명한 것으로 상정하고 있다. 복장과 몸가짐의 수준에서부터 참가회원을 문명국의 여행자스타일로 완성시키려고 한 것이었다. 거기에는 최초의 해외관광여행에서 형성하려고 하는 만주한국이라는 이향에 대한 시선이 이미 잠재해 있다.

회원친목회

한편 참가자 중에서는 출발 전에 친목회를 여는 등 자발적인 집단형성을 도모하고자 하는 움직임이 나타났다. 『도쿄아사히신문』 7월

---

[5] 두통 · 현기증 · 구토 등에 쓰는 적색 분말의 각성제.

10일자에는 로셋타마루 갑종 승선자 오자키 지타로(大崎治太郎), 쓰쿠이 도시유키(津久井利行), 사이구사 고타로(三枝光太郎) 3인의 발기에 의해 '순항선객간친회'라는 안내서가 게재되었다. 그것에 따르면 "발항 전 각 승선자 모두 얼굴을 익혀 서로 숨김없이 그 의견을 교환하면 크게 편리해질 것이다"라는 취지로 회동하고 친목과 함께 "순항 중의 모든 일에 관해 신문사에 말해두는 것이 마땅하다"는 의도였다고 한다. 후에 지면상에 게재된 만한여행회원명부에 의하면 발기인 중 오자키 지타로의 주소는 이바라키현, 직업은 농업이었고, 사이구사 고타로는 대만협회간사로 도쿄에 거주하였다. 쓰쿠이 도시유키는 명부에 없는데 어떤 사정으로 참가하지 않았을지도 모른다.

도쿄의 친목회가 『오사카아사히신문』에 보도되자 간사이지방 회원을 자극하여 오사카, 교토에서도 회원 친목회가 개최되었다. 오사카에서는 다케우치 주고(竹內重固)(등사관 주인)와 오카다 몬타로(岡田門太郎)(직물상점)의 발기로 7월 24일에 병종, 정종 회원의 친목회가 기획되었지만 회원을 한정할 필요도 없을 것이라고 해서 전승선회원의 친목회로 바꾸어 안내기간이 충분하지 못했음에도 불구하고 당일은 긴키(近畿), 주고쿠(中國)지방에서도 내회자가 있어 참가자는 약 80명을 상회하였다(『大阪朝日新聞』 7월 25일). 또 교토에서도 7월 22일 오쿠보 사쿠지로(大久保作次郎)(연초상), 시바가키 도쿠조(芝垣德藏)(직업 불상)의 발기로 친목회가 개최되었는데, 약 40명이 참가하여 성황을 이루었다(『大阪朝日新聞』 7월 24일).

출발 전에 이러한 친목회가 개최된 것은 그때까지 서로 그 존재조차 알지 못했던 사람들이 미디어의 인연으로 모였다는 것이다. 이는 먼 외지를 장기간 여행하는 것에 대한 불안감이 있었던 것을 말해주고 있다. 그와 동시에 참가자가 단지 아사히신문사의 선전문구에 반신반의하면서 참가하게 된 수동적인 손님이 아니라 이 여행에서 적극적인 의의를 찾아내 제국 일본의 확대를 현지에서 확인하려고 하는 적극적인 의욕을 공유하려고 한 것을 보여 주고 있다. 여행자들은 제국의 능동적인 여행자이고자 한 것이었다.

만한순유선의 출발

로셋타마루의 요코하마(橫浜) 출항

7월 25일 로셋타마루는 드디어 요코하마항 대잔교를 출항하였다. 동일본 각지에서 온 참가자는 전날부터 요코하마의 여관에 숙박했던 사람도 많았고, 도쿄에 사는 사람들은 당일 지정된 열차로 속속 요코하마역에 도착했다. 회원의 다수는 시내 3곳에 설치된 휴게소에 일단 들어간 후 삼삼오오 대잔교까지 천천히 걸어가 "길을 걷는 사람도 마치 회원인 양 관찰하여 그들이 '로셋타마루의 손님'들과 대화하면" 시내 사람들의 주목의 대상이 될 정도였다고 한다.

대잔교는 승선객과 배웅하는 손님으로 몹시 붐볐고, 대단한 성황이 된 가운데 가지각색의 만선색의 깃발로 장식하고 배의 동체에 '만한순항(滿韓順航)'이라고 크게 적는 등 빛나게 꾸민 로셋타마루는 오전 10시, 음악대의 연주와 기적이 울려 퍼지는 속에서 천천히 출항했다. 『도쿄아사히신문』은 "배 안팎의 손님이 서로 부르고 만세의 소리가 우레와 같았고, 모자, 손수건은 가을이 드리워진 나뭇잎처럼 무성하다"고 미문조로 그 모습을 전하고 있다.

당일의 『도쿄아사히신문』 사설 「송(送)만한순유선」은 "가라. 나도 간다. 우리 일본이 2년간의 대 노고를 이로써 타개한 신천지로"라는 격렬한 말로 배웅하고, 광고면에도 단페이상회(丹平商會)가 '웅장한 로셋타마루의 출발을 축하함'이라는 거의 전 페이지에 걸친 광고를 게재하고 '기차 파도를 박차는 기백리=아아 보라. 막막한 만한의 천지, 우리를 기다린 지 오래다. 이러한 즐거움!'이라고 하는 등 야단스러운 카피로 기세를 올렸다. 순유선은 '신천지' 만주한국을 향해서 환호성리에 보내지고, 힘차게 출항했던 것이다.

그런데 출항 직후의 로셋타마루는 생각지 못한 해프닝에 휩싸였다. 때마침 태평양 연안을 통과 중인 저기압에 의한 대폭풍을 만나게 되었다. 엔슈나다(遠州灘) 앞바다 부근에서 바다가 매우 거칠어져 배안의 동요로 부상한 승객까지 나왔기 때문에 고베 직항을 단념하고 어쩔 수 없이 이세만(伊勢灣)의 다케토요(武豊)에 피난하지 않을 수 없었던 것이다. 예정 밖의 사건에 아사히신문사는 매우 크게 놀랐던 것 같지만 큰 일로 취급하지 않고 일시 피난하도록 하였다. 취재가 용이한 연안의 해프닝이 있었기 때문에 기자를 다케토요에 급파해 취재시켜서 큰 기사를 내게 하는 등 오히려 전(前) 인기를 부추기기까지도 하였다. 안전을 매물로 하는 패키지여행에서도 예상외의 모험이 적당히 계획되어 있는 편이 인기를 끌었지만 엔슈나다 앞바다가 거칠어진 것은 예기치 않게 여행에 대한 기대를 부풀게 한 작은 모험이 되었던 것이다.

로셋타마루의 오사카 출항

로셋타마루는 27일에 다케토요(武豊)를 출발해 오사카로

향했다. 도중에 선내(船內)신문 『로셋타아사히(ろせった朝日)』 제1호가 발행되었다. 선내에서 신문을 발행한 것은 미리 계획된 것으로 인쇄기계를 가지고 오는 등 준비하였는데 폭풍의 진행상태 등이 절호의 재료가 되었던 것이다. 이후 『로셋타아사히』는 항해 중 발행되어 회원들의 인기를 얻었다.

28일 로셋타마루는 오사카항에 입항하였다. 오사카는 아사히신문사의 본거지이며, 참가자도 서일본의 쪽 사람들이 많았던 만큼 요코하마 출항 때보다 환영객이 많았다. 다소 길지만 『오사카아사히신문』의 기사(7월 29일 「作日の築港」)의 일부를 살펴보자.

> 요즈음은 한가로운 갈매기의 꿈 평온한 축항의 부근도 오늘만은 이른 아침부터 전차는 이것저것 가득 실어 끊임없이 사람을 가득 실어 와서는 축항 잔교 부근에 모두 털어놓는다. 배가 도착한 무렵에는 여기저기 사람으로만 가득차서 글로는 다 표현할 수 없다.
> ▲ 특히 배는 정오 도착 예정이었는데, 정오부터의 군집은 또 특별했으며 다만 육상만이 아닌 잔교 양측의 해면은 만선의 표식을 한 증기선, 큰 거룻배, 작은 거룻배들로 가득차서 수면도 보이지 않는다. 이것은 환송객 각자의 생각대로 환송선을 내보냈기 때문으로 아무것도 없는 텐진마쓰리(天神祭)[6]를 낮에 하는 것과 마찬가지였으며, 그 중 사람의 눈을 이끈 것은 우쓰보(靭)의 히사다(久田)[7]라는 우편선, 야마이치표(山一印) 한청일 삼국의 국기를 교차한 회원 요시카와(吉川) 씨의 환송선, 다음으로는 순항선을 화려하게 장식한 후쿠다(福田) 씨의 환송대,

---

6) 오사카 天神祭는 일본 3대 마쓰리 중 하나로 매년 7월 24~25일 개최된다. 마쓰리는 이튿날 오후 6시부터 시작되는 후나토교(船渡御) 행사 때 축제의 절정을 맞는다. 후나토교는 신사를 출발한 행렬을 100여 척의 화려한 배에 태우고 도시마가와(堂島川) 및 오가와(大川)를 거슬러 올라가는 수상제(水上祭)로 이때 배는 화려한 천과 횃불로 장식한다.

7) 히사다(久田)라는 배의 이름은 1903년 日本郵船株式会社 소속의 東海丸의 선장 久田佐助의 이름에서 유래한 것으로 보인다. 久田는 1903년 津軽海峡에서 러시아의 화물선 프로그래스호와 충돌한 東海丸의 승객과 승조원을 구하고 사망하였다.

특히 제신문연합판매점은 큰 가게형 십수 척의 악대와 종과 큰 북으로 마구 흥을 돋구며 본사 앞에서 하천을 내려가 축항에 오고 나서 우왕좌왕 배를 저어 주위를 돌며 흥을 돋운 것은 분위기를 고조시켰다.

▲ 아사히극장(朝日劇場)에서는 인기 있는 신파극 배우인 아키즈키(秋月), 사오리(小織), 가와이(河合), 후쿠이(福井), 하라다(原田), 야마다(山田) 등의 무리 수십명과 계산대 종업원까지 모두 나와 짝을 이룬 휘장이 있는 인력거로 선두에 '로셋타마루 만세'라고 쓴 큰 깃발을 세워 위세 좋게 환영한 것과 구조한에이자(九条繁榮座)의 스미토(角藤), 가사이(笠井), 구마가이(熊谷), 가쓰라 모토(桂基)의 다른 일파인 신파극 배우가 일본 전통 정장차림(羽織袴)으로 엄숙하게 잔교에 정렬하여 만세를 외치는 것은 그날 놀라운 사건 중 하나였다.

▲ 기타구(北區) 텐진바시스지(天神橋筋)의 무리는 이른 아침부터 인력거 수십 량으로 환영받았다. 이런 분위기로 축항 부근은 한때는 인력거로 통행되지 않을 정도였으며, 축항이 된 이래 아마 이처럼 많은 인력거가 모였던 적은 없었을 것이다. 거기에 후루카와불꽃놀이가게(吉川花火店)가 기증한 불꽃놀이배가 축항의 기타슈(北手)에 진을 치고 계속 쏘아올린 것은 한층 인기를 얻었을 것이고, 바람신과 바다신도 분명 놀랬을 것이다. 어찌되었든 이처럼 유쾌하고 장쾌한 성황은 그 예가 적은 것이었다.

이 기자도 오사카 제일의 마쓰리(祭)인 텐진마쓰리에 견주고 있지만 시바이고야(芝居小屋)[8]의 배우들까지 맞이하는 등 진실로 마쓰리의 떠들썩한 환영 모습이었다고 할 수 있다.

29일의 출항도 큰 소동이었다. 오사카아사히신문사는 축항행 전차 왕복승차 운임의 50%를 할인한 만한순유 로셋타마루 배웅권(見送券)과 로셋타마루 출항 관람 오사카 순항선 할인권을 발행하여 인기를 얻었다. 대잔교는 아침부터 배웅하는 사람으로 가득 찼으며, 항구 안은 오사카시의 2명의 조역이 특별히 배웅을 위해 승선한 축항사무소의 기선, 아사히신문사의 사기(社旗)를 가득 내건 축항사무소의 기선, 상선회사의 기선으

8) 가부키(歌舞伎) 등을 흥행하는 건물, 극장이다.

로 가득 찼다. 그 안을 로셋타마루는 만세 만세를 외치는 승선객을 태워서 출발하였다.

『오사카아사히신문』은 7월 28일에 「만한순유선을 보내다」라는 제목의 사설을 싣고 "도착한 곳의 새로운 전적을 애도하고, 고명승을 방문하며, 상업지리를 직접 걸어서 목도하고 특히 황군(皇軍)의 충용장렬(忠勇壯烈)을 상기해서 앞으로 평화의 전쟁에서 분발해서 뜻을 다하고 돌아와서 그 견문을 부로자제(父老子弟)와 향리향당에게 나눈다면 형세를 듣고 일어나는 사람 역시 적지 않을 것이다. 그 결과 여러 가지 만한사업을 실현해 가는 것에는 이들뿐만 아니라 전승 효과를 받아들이는 데에 (다른 사람들도-번역자) 또한 열망할 것이다. 여기 우리들의 바람대로 제군의 책임대로"라고 여행자를 격려했다. 이 여행은 '황군의 충용장렬'의 '전적'과 옛 명승지를 방문하고 더욱 더 새로운 진출지인 만주한국을 실제 답사해 '전승의 효과를 거둔' 즉 전승을 실질적인 것으로 해가는 여행으로서 의미를 부여할 수 있다.

구레(吳)공창,
와카마쓰(若松)제철소 견학

세토(瀨戶) 해를 지난 로셋타마루는 30일 구레항에 들어가 다시 그날 저녁 무렵 모지(門司)에 도착했다. 구레와 모지에 기항한 것은 승선할 회원을 맞이하기 위함이었지만 구레의 해군 공창과 와카마쓰의 제철소를 견학한다는 목적도 있었다. 해군공창과 제철소는 통상 일반에게 공개하지 않는 시설인데 특별히 만한순유선 회원을 위해 견학을 허가했던 것이다. 관민 모두의 특별대우였다.

여행 도중에 특별한 장소가 있으면 가는 길에 들르는 것은 관광여행의 일반적인 일이며 해군공창과 제철소의 견학도 그 예외가 아니라고 할 수 있다. 그러나 이 여행의 경우 만주한국을 보기 전에 러일전쟁 전승의 원동력이 된 일본의 공업력 · 군사력을 현장에서 견학한다는 사전학습을 설정했다고도 할 수 있다. 바야흐로 제국 일본의 확대를 보는 여행에 적합한 서막이었다.

회원의 행동은 군대조직

로셋타마루가 출항하고 전회원이 모인 곳에서 아사히신문사는 여행단을 조직해 운영하는 체제를 만들고자 했다. 『오사카아사히신문』 8월 7일자에 따르면 회원 상호의 의사소통과 여러 가지 사태를 처리하기 위해 위원을 선출해서 운영하기로 하였다. 위원은 아사히신문사의 의뢰에 의해 수행하고 있던 사이토(齋藤) 중좌, 마사키(正木) 소좌를 특별위원으로 하고, 회원의 갑부에서 8명, 을부에서 4명, 병부에서 7명, 정부의 1조에서 6명, 정부의 2조에서 6명, 또 아사히신문사에서 2명의 위원을 내게 되었다. 위원총회에서는 사이토 중좌가 의장이 되어 다음 사항을 의결했다.

1. 회원의 지명(指名) 점호(点呼)는 선장에게 일임할 것
1. 회원의 행동은 군대조직으로 조를 편성할 것
1. 각 방면에서의 기증품은 사원과 함께 처분방법을 강구할 것. 또 정원에 충족하지 않는 기증품은 위원이 추첨할 것
1. 위원 휘장은 갑은 적색, 을은 분홍색, 병은 청색, 정은 남색의 삼각매듭 리본을 가슴에 붙일 것

위원회에 의해 운영한다는 것은 자치적인 운영이고, 각부의 선출위원수도 완전히 평등하지는 않지만 어느 정도의 균형은 맞춰져있었다. 주최자인 아사히신문사는 전면에 나서지 않고 어느 정도 회원의 자주성에 맡긴다

는 형식을 취하고 있는 것도 엿볼 수 있다.

그러나 실제로 회원은 특별위원에 임명된 2명의 해군 군인의 밑에서 군대식으로 행동하게 되었다. 수행한 사이토 중좌, 마사키 소좌는 당시 해군대학 교관으로서 러일전쟁 중에는 여순항폐새대(旅順港閉塞隊)로 군공이 있는 인물로서 소개되었기 때문에 여행단 안에서는 만주한국에 대한 경험이 가장 많았을 것이다.

결국 최초의 해외단체 관광여행단 조직의 모델이 된 것은 군대였다. 특별위원인 군인은 친절한 여행가이드이자 동시에 지휘관의 역할을 사실상 수행했던 것이다. 예를 들어 로셋타마루가 구레항에 입항했을 때의 회원의 행동을 『오사카아사히신문』(8월 2일)은 다음과 같이 묘사하고 있다. "회원 무장하고 갑판 위에 모였다.", "모두 해국남자의 정예라면 용기선(勇氣船)에 가득차서 기세에 대항할 수 없다. 바로 임시편성한 8개 연대는 조직되지 않는다. 즉 사이토 중좌, 마사키 소좌를 총지휘관으로 삼고, 우리들 사원 8명은 연대장이 되어 아침해를 묘사한 연대기를 갖고 여행자를 이끈다." 지금도 패키지여행의 선두에 여행회사의 깃발을 단 여행사 직원을 자주 보지만 그것은 최초 해외여행의 연대깃발에 기원이 있는 것이 아닐까?

물론 '회원무장'이라는 것은 비유로 실제로는 정장했다는 것일 것이다. 그렇지만 인솔자인 군인은 '총지휘관', 아사히신문사원은 연대장, 회원은 8개 연대의 병사, 아사히신문사 사기는 연대기에 견주는 것은 단순히 문장표현으로 군대용어가 차용되었다고 하는 것만은 아니다. 만주한국순유여행회는 마치 군대와 같이 규율되어 회원들도 그러한 패기로 만주한국으로 떠난 것이다.

군대적인 조직으로 해외여행을 떠났다는 것은 아사히신문사 주최의 여행단만은 아니다. 수학여행의 학생들도 군대의 부대풍으로 편성되었다. 도쿄고등사범학교의 학생들은 전체를 2단으로 편성하고 각각의 단은 6조로 이루어져 조장의 지휘 아래서 행동하게 되었다(『遼東修學旅行記』). 야

마모토 노부요시(山本伸良), 곤노 도시히코(今野敏彦)의 연구에 의하면 수학여행은 메이지 30년대에 광범하게 보급되어 형태도 정형화된 것 같지만 그 특색 중 하나는 '행군적 색채가 강했다'는 것이다(山本信良 · 今野敏彦, 『近代教育の天皇制イデオロギ-』, 220쪽). 야마모토(山本) 등은 수학여행의 학생 조직에 대해서는 언급하지 않았지만 행군적인 수학여행에 대해 학생들이 군대적으로 편성되어 규율된 것은 추측하기 어렵지 않다. 수학여행에 한정하지 않고 원래 학교의 일상생활의 집단행동은 제복 · 머리모양에서부터 정리정돈 · 시간엄수 등의 제규칙에 이르기까지 군대가 모델이 되었다. 수학여행도 그 연장선상에 있었다. 아니 메이지유신 이래 일본의 근대화에서 사회질서의 가장 유력한 모델은 군대이며(成澤光, 『現代日本の社会秩序』), 학교는 그 전형이었다고 할 수 있다.

그러나 이러한 집단형성의 사회학만으로 군대적 규율의 단체여행이 생긴 것은 아닐 것이다. 앞장에서 서술했듯이 주최자 · 참가자 모두 만주한국여행을 성립시킨 도약대가 되었던 것은 러일전쟁 후의 제국의식에 있었다. 일본제국의 확대를 현지에서 눈으로 보고 확인하여 현지에서 전승을 추체험(追體驗)하는 것이 주최자가 내건 문구였으며 여행참가자들의 동기 중의 하나였던 것이다. 여행단은 전시에 활약한 군대에 후속하며, 제국일본 확대의 첨병이라는 의기를 포함하고 있다. 제국 일본의 '신천지' 만주한국을 시찰한다는 것이 여행의 기본적 틀이지만 이를 위해 단체여행의 군대의식을 한층 더 고취시켰던 것이다.

이렇게 규율화 된 단체여행의 방식이 여행자들의 시선과 체험을 어느 정도 방향 지우는 것도 예상된 것이다. 참가자들은 제 나름대로의 방향에 눈을 돌려 각각 독자의 여행을 체험한다기보다는 단체행동 속에서 이향에 대한 시선이 규정되어 체험은 규격화, 동질화된 것이다.

여행자들은 무엇을 보았는가

만주여행기사

8월 1일 로셋타마루는 한국의 부산에 도착, 드디어 순유선회원의 만주한국여행이 시작되었다. 이 여행자들은 만주한국에서 무엇을 보았을까, 무엇을 체험한 것일까. 그것을 직접적으로 알기에는 자료가 부족하다. 여행자들 자신의 기록은 거의 남아있지 않기 때문이다. 앞에서도 서술했듯이 출발 전부터 순유선회원에게 다수의 그림엽서와 편지 등이 기증되고 있어 그들이 그것들을 이용해 고향에 자신의 견문을 써 보냈을 것이라는 것은 쉽게 상상할 수 있다. 일반적으로 러일전쟁부터 전후에 걸쳐 그림엽서가 대유행한 것은 잘 알려져 있다. 그러나 아쉽게도 이번 여행자들의 견문을 명확하게 할 정도의 엽서와 편지를 찾을 수 없었다.

다만 만한순유선은 아사히신문사가 주최한 사업이기 때문에 동행한 기자들은 여행견문을 여러 가지로 기사화하여 만주한국여행의 모습을 자세히 알 수 있었다.

물론 기자들은 순수한 관광여행자가 아니라 보도기자로서 여행에 동행한 것이기 때문에 그들의 시선은 회원들과 완전히 같은 것이라고는 할 수 없다. 그들의 기사는 그들 자신의 여행기임과 동시에 여행단의 모습을 독자에게 전하는 것이 중요한 목적이었다. 때문에 기자들의 체험을 바탕으로 한 감상도 쓰였지만 주최자인 아사히신문사의 방침을 나타낸 것도 많았다. 그렇지만 기사에 기록된 기자들의 체험, 그들이 관찰한 여행자들의 여행모습은 여행자들이 만주한국에서 무엇을 보았는지, 무엇을 체험했는지를 짐작할 때 귀중한 자료이다. 그들 아사히신문사 기자의 기사와 회원으로서 참가한『규슈니치니치신문(九州日日新聞)』기자 고바야카와 히데오(小早川秀雄)[9]가『규슈니치니치신문』에 연재한「만한순유록」등을 자료로 여행자들이 무엇을 보았을지를 생각해보고자 한다.

또 만한순유선과 동시에 붐이 된 수학여행에 참가한 교사, 학생들이 현지에서 무엇을 어떻게 보았을지도 대단히 흥미롭다. 이 시기의 수학여행 기록의 예로는 도쿄고등사범학교의『요동수학여행기』가 있다. 이것은 대단히 상세하고 면밀한 기록으로 수학여행의 동향을 알기 위해서 본서에서도 참고했다. 특히 만주의 자연과 풍토를 과학적으로 관찰해 기록하려고 한 태도는 이 시기 일본인의 만주에 대한 시선의 하나로서 대단히 중요하다. 이외에도『요미우리신문』에 연재된 호리에 게쓰메이(堀江月明)의「학생대만한행」, 시즈키(指月生)의「만한 순회」,『히노데신문(日出新聞)』에서 연재한「만한견문록」등의 수학여행기록이 있다. 그러나 미디어 · 이벤트로서의 관광여행을 다루고자 하는 본서에서는 아쉽지만 생략하는 것으로 한다.

지면에 발표된 동행한 아시히신문사원은 총 13명이지만 그 중 1명이 에시(繪師),[10] 1명이 사진사, 1명이 의사이다. 다른 사원의 직무는 명기되지

---

9) 고바야카와 히데오(小早川秀雄)(1870-1920)는 메이지 32년에『九州日日新聞』의 주필 및 사장을 역임하였고『한성신보』기자 시절에 아다치 겐조(安達謙藏)를 따라 명성황후 시해에 가담했다.

10) 에시(繪師)는 궁정 혹은 막부 등에 직속되어 그림제작을 담당하는 직인이다.

않았지만 동서의 『아사히신문』에 만한순유선의 서명이 담긴 기사를 게재한 것은 스기무라 코타로(杉村廣太郎)(소진칸 楚人冠), 이케다 스에오(池田末雄)(요미이오리 蘇庵), 기자키 아이키치(木崎愛吉)(好尙)[11]의 세 명뿐으로 다쓰이 우메키치(辰井梅吉)[12] 등의 사원은 여행단의 운영을 임무로 동행했을 것으로 보인다.

스기무라 코타로, 이케다 스에오, 기자키 아이키치 세 명이 보낸 기사는 『오사카아사히신문』·『도쿄아사히신문』에 연일 게재되었다. 그들 사이에 보도의 명확한 분담이 있었던 것은 아니고 적당히 교대하면서 기사를 보낸 것 같다. 결과적으로는 각자의 개성에 따라 문체 등에 약간의 차이는 있었지만 기본적인 보도 자세에 큰 차이는 없었다. 따라서 여기에서는 기자 각자의 차이보다 기자들의 여행기를 전체적으로 보고 여행회의 체험을 생각해보고자 한다.

여행자가 본 만주한국의 풍물

만한순유선여행회의 여행은 여러 가지 각도에서 생각할 수 있겠지만 여기에서는 두 가지로 한정하고자 한다. 그것은 첫째 여행자들이 만주한국의 어떠한 사물과 풍경을 어떻게 보았는가. 둘째는 만주한국의 사람들과 어떻게 접했는가 하는 점이다.

우선 첫 번째 문제에 대해 말하자면 여행단은 부산에 상륙하여 인천, 경성, 평양, 대련, 요양, 봉천을 차례로 방문했다. 여행자가 각지에서 본

---

11) 기자키 아이키치(木崎愛吉)(1866-1944)는 오사카아사히신문사에 입사, 금석문연구회에 전념하였으며, 『大日本金石史』를 집필하였다.

12) 다쓰이 우메키치(辰井梅吉)(1869-1942)는 오사카에서 출생하였다. 1895년에 오사카아사히신문사에 입사, 영업국장 · 인쇄국장 등 역임하였고, 1934년 專務取締役이 되었다. 1940년 相談役이 되어 아사히빌딩사장을 겸임하였다.

것을 모두 망라할 수는 없지만 기사에 따르면 방문지에서의 행동은 패턴화되어있다. 예컨대 평양에서의 모습을 기자키 아이키치의 「웅대한 평양」이라는 기사(『오사카아사히신문』 8월 14일)를 보면 평양에 도착하여 몇 군데의 여관에 나누어 숙박한 일행은 다음날 아침 평양성 모란대(牡丹台)에 집합할 예정이었고 기자키 등도 집합지로 향했다.

> 주작문을 들어가서 아침시장의 혼잡에 놀라면서 인파 속을 헤쳐나가 동북성 방면을 목표로 관찰아문, 일어학교 앞을 지나 대동강변의 언덕에 올라 만수대(万壽台)에서 청일전쟁 기념비를 보고 러일전쟁 병사자(病死者)의 묘 앞에서 묵념하고 강가에 가까운 고찰 영명선사(永明禪寺)를 방문하고 바로 위에 있는 을밀대(乙密台)에 오르자 모여 있는 회원들, 아마(安滿) 소좌의 평양 공격에 대한 설명을 이제나저제나 하고 기다리고 있다. 순간 아마 소좌, 을밀대 한 모퉁이에 나타나서 큰 목소리, 위엄 있는 태도로 여러분들이 오셨는데 간단하게 평양 총공격의 이야기를 하겠습니다라고 하자 앞에 있는 청중들은 물을 끼얹은 것 같이 조용해졌다.

여행회 회원은 육군소좌가 현지의 각 지점을 가리키면서 청일전쟁 당시 일본군의 평양공격을 설명한 것에 대감격하여 "박수갈채가 그치지 않았다"고 한다. 설명 후 회원들은 "원산(元山) 가도에 임한 칠성문은 러일전쟁 서막이 된 기병의 충돌장소로써 이름 높다."고 해서 올라가 봤는데 거의 죽어가는 환자들이 수용되어 있어서 서둘러 내려왔다.

뒤이어 기자릉을 관람하였다. 여기는 "은(殷)의 태사(太師), 대한황실의 조상신으로 숭배하지 않을 수 없다"고 감상을 드러냈다. 다만 관람은 대강하고 릉 아래의 한쪽에서 일본인 거류민단(民役所) 등이 준비한 환영회에 참석하였는데, 환영사와 답사가 있었다. 그 후 회원일동은 "원래 왔던 길, 대동문 아래 일대의 번화한 길을 따라 회원 각자는 넣을 수 없을 정도로 쇼핑을 하여 짐이 무거워졌고 배에 돌아온 것은 오전 11시였다."

이러한 관광이 만한여행회의 전형적인 것이었다. 전적지 구경과 육군 군인 등의 현지 설명, 일본인회 등의 환영회를 마친 후에는 회원들이 자유롭게 산책하는 것이 전형적인 유형이었다.

평양에서는 주로 청일전쟁 전적지를 구경하였지만 봉천, 요양, 대련, 여순 등의 만주에서는 전쟁이 끝난 지 얼마 되지 않은 러일전쟁의 전적지를 구경하였다. 여행자들의 행동패턴은 한국에서도 만주에서도 큰 차이는 없었다. 예를 들면 전날 밤에 악대의 연주와 만세 소리 하에 봉천역을 출발한 여행회는 한밤중에 요양에 도착하였다. "오전 5시 전원 기상, 조식을 마친 후, 절반은 토공차(土工車)를 이용, 절반은 도보로 회산(灰山)에 이르렀다. 회산은 성안의 작은 언덕, 여기에서 거류민이 우리 일행을 환영하였다. 일행의 도착을 기다려 보병 제62연대 소속 가네코(金子) 대위가 요양전투(遼陽戰鬪)에 관한 설명을 시작"하였다(이하 생략)(楚人冠, 「遼陽の半日」, 『大阪朝日新聞』 8월 25일).

만주한국의 사적

여행자들이 방문한 곳은 현재에도 알려진 만주한국의 주요도시이고 사적이다. 결코 뜻밖의 장소를 구경한 것은 아니다. 그러나 그 장소를 보는 시선이 문제이다. 평양성은 그 경치가 아름답다는 이유만으로 본 것은 아니다. 또한 평양의 성지와 사적을 한국·조선 역사의 의미를 생각하면서 보고자 한 것도 아니다. 여행자들은 어디까지나 청일전쟁, 러일전쟁에서 일본군의 빛나는 승리라는 관점에서 보았던 것이다. 방문지가 사적이고 명승지인 것은 그곳이 제국 일본의 확대에 따라 기억하고 기념해야 할 땅이기 때문이다. 중국, 한국의 역사 속의 사적이 아니라 제국 일본의 역사에 따른 사적인 것이다.

물론 앞서 인용한 기자키의 글에 있는 기자릉 구경처럼 한국 역사상의 사적도 방문하여 경의는 표하였다. 그러나 그것은 부차적인 구경, 혹은 아주 소소한 관심의 범위를 벗어나지 않는 것이었다. 여행자들의 관심은 일본군의 전적지에 있었고, 오로지 자신들의 역사를 비교 · 대조하는 데 의미를 두고 만주한국의 각지를 보았다. 따라서 현지인들에게 중요한 역사적 의미를 갖는 장소는 일본인 여행자에게서는 전혀 다른 관점으로 보이게 되었고 현지인에게는 특별한 의미를 갖지 않는 작은 고지(高地)가 일본인 여행자에게는 일본군 격전의 203고지로서 감격의 눈물로 보는 성지가 된 것이다.

일본인 여행자는 자신들이 방문한 만주한국의 지명에 대해 미리 일정한 지식을 갖고 있었다. 그것은 청일전쟁과 러일전쟁에 대한 신문잡지의 보도에 따른 것이었다. 앞장에서 언급했듯이 전황 기사와 호외에서 만주한국의 지명은 반복해서 등장했었다. 더욱이 그곳에서 있었던 전투에 일희일비했던 만큼 그 지명에 특별한 생각을 품고 있는 사람도 많았을 것이다. 또 활자로만 지명을 안 것은 아니었다. 러일전쟁에 대해서는 사진과 활동사진으로 그 전장(戰場)의 풍경을 보고 외지의 전투에 큰 상상력을 불러일으킨 적도 많았다.

미디어 보도에 의해 기억하고 상상했던 땅, 그 땅에 선 것만으로도 제국 일본의 전승을 새삼스럽게 느꼈을 것이다. 더욱이 그 곳에서 동행한 해군과 현지에 주둔한 육군이 지형을 가리키면서 격전의 모습을 설명했기 때문에 여행자들은 이미 갖고 있었던 제국 일본의 확대 이미지를 현지에서 실감하고 재확인하게 되었던 것이다. 고생 · 고통에 어원을 갖는 'travel'을 대신하는 '관광(tourism)이란 잘 알고 있는 것의 발견이다'라고 하면 만주한국 순유선의 여행은 '잘 알고 있는' 곳을 발견한 전형전인 관광의 실현이었다.

"불결미개의 땅"

그리고 일본군 전지라는 의미를 떼어놓고 보면 만주한

국은 "뒤처진 미개의 땅, 불결한 땅"으로 간주되었다. 대련부터의 여정에서는 육군의 조처로 여행단은 약 30량의 화물열차를 연결한 특별순람별차를 이용했다. 화차(貨車)를 이용한 불편한 철도여행은 여행기사에서 전쟁 중인 병사의 이동과 흡사한 체험으로 재미있게 묘사되었지만 말하자면 미개의 땅을 문명국민이 불편함을 느끼며 여행하는 모험담이었던 것이다. 예컨대 그것은 화차 안의 식사에 커틀릿이 나온 에피소드를 "만주의 평야, 마적이 횡행하는 한복판에서 서양요리 등은 아주 멋스러운 것이다(楚人冠, 「我が列車」, 『大阪朝日新聞』 8월 20일)"라는 묘사에서 단적으로 엿볼 수 있다.

또 여행기사가 현지에서 실감한 것으로 강조한 것은 "만주한국의 불결함, 난잡함"이었다. "봉천은 청국의 발상지임과 동시에 상서롭지 못한 땅, 불결의 근원지이다(木崎好尙, 「撫順と奉天」, 『大阪朝日新聞』 8월 21일)"라고 봉천 거리의 '불결함'이 묘사되었다. 동시에 그 '불결'은 뒤처진 청국의 부패와 타락을 은유하고 있다. 앞에서도 서술했듯이 만주한국이 "미개하고 불결"하다는 것은 여행 출발 전부터 여행자들이 갖고 있었던 선입관이었기 때문에 이러한 만주한국은 새로운 발견이 아니라 이미 '잘 알고 있는 것의 발견'이었다.

현지인들과의 접촉

만주한국의 풍물을 어떻게 보았는가와 함께 만주한국여행회의 시선을 생각하는 또 하나의 포인트는 여행자들이 만주한국의 현지인들과 어떻게 접촉했는가 하는 점이다. 그런데 여행기사에서는 여행자들이 현지인들과 접촉한 장면은 극히 적다. 앞에서도 서술했듯이 숙박지 등에 도착하면 현지 거주 일본인의 환영을 받았고 그들의 안내로 사적 등을 보고 걷는 것이 순유선 일행의 전형적인 행동 유형이었다. 따라서 만주와 한국 사람들과 접촉하는 것은 사적과 일본인이 경영하는 여관 등으로 가는 도중에 사소한 쇼핑을 하거나 조롱삼아 식사하는 것 정도였다.

만주한국순유선여행단은 동행하는 군인과 아사히신문사원, 혹은 일본인회 등에 의해 현지 사람들과는 격리되어 특별한 교류는 갖지 못했다. 이러한 현상은 현재의 패키지여행에서도 일어난다. 브아스틴은 "오늘날 여행대리점의 기능 중의 하나는 이러한 만남을 방해하는 것이다. 그들은 여행하고 있는 곳에서 관광객을 격리하기 위해 끊임없이 새로운 능률적인 방법을 고안하고 있다.", "잘 준비된 여행에서는 관광객은 목적지에 도착해서도 그곳에 살고 있는 사람들과 교류할 필요는 전혀 없다. 관광여행에서 돌아간 사람들이 팁 때문에 얼마나 시달렸는가에 대한 이야기가 끊이지 않는 것은 팁을 주는 것만이 그들과 현지 사람들 간에 생기는 거의 유일한 접촉이기 때문이다(『幻影の時代』)."라고 서술되어 있지만 만한여행회라는 최초의 관광여행도 현지인들과 격리되었을 뿐만 아니라 팁을 지불할 필요조차 없었다.

격리된 여행자들이 쇼핑과 식사 이외에 현지인들을 보는 것은 길거리에서 스쳐 지나가면서 보든지 열차의 차창에서 보는 정도였다. 예를 들어 경의철도의 여행에서는 "영미역(嶺美驛)에서는 찹쌀떡(大福餅)(6개 4전), 김밥(10전), 도시락(25전) 등을 팔고 있다. 이 부근의 논은 넓고 푸르고 아름다운데 그 속에 흰 옷의 조선인이 서있는 것을 멀리서 보면 흡사 학이나 백로가 있는 것인가 하고 생각된다. 그 중에는 진짜 백로가 있을 때도 있고 학이 있을 때도 있다(池田蘇庵, 「別働隊(一)」『大阪朝日新聞』 8월 23일)". 현지인들은 행상이나 전원풍경의 일부로 보여지고 있다. 조선의 농부는 백로와 바꿀 수 있는 풍경화의 한 장면에 지나지 않는다.

여기에서 볼 수 있는 것은 현지인들에 대한 완전한 무관심이다. 말할 것도 없이 한국·조선의 문화, 중국의 문화와 일본의 문화는 고래로부터 밀접한 관계를 가지고 있었다. 앞서 인용한 이케다 요미이오리(池田蘇庵)

가 본 넓고 푸른 아름다운 논의 풍경은 일본의 풍경과 같다고 해도 좋을 정도일지도 모른다. 그러나 이케다를 비롯한 여행자들은 그것을 특별히 의식한 모습은 없었고, 감상도 없었다. 그들은 만주한국의 풍경과 그곳에 사는 사람들을 자기의 세계와는 완전히 다른 세계에 속한 사람들로서 밖에서 바라보았던 것이다.

거기에 있는 것은 미개한 세계, 이질적인 세계를 보는 문명국의 시선이었다. 여행자들은 만주한국인들을 대화 상대로 보지 않았다. 현지인들로부터 격리되어 다른 세계에서 바라보고 있는 것에 자족하고 있었다고도 할 수 있다.

보여지는 자신

그런데 여행자들은 현지인들로부터 보여지는 자신을 강하게 의식하기도 했다. 예를 들면 주최자인 아사히신문사와 관계자 등은 여행자들이 현지인들로부터 평소 보여지는 것을 의식해서 행동하도록 하였다. 『오사카아사히신문』 사설 「만한순유선을 보내다」(7월 28일)는 여행회가 출발할 때 "미개민은 의심이 많기 때문에 청한(淸韓) 인민이 우리의 여행을 들으면 또 어떻게 느낄지 알 수 없다". 그러나 "이미 신사(紳士)로서 우리 스스로 어떠한 청한(淸韓) 인민을 만나면 언행 및 예의를 올바르게 갖추어 다해야 함은 마땅하다. 그러면 그들도 또한 (우리에 대해-번역자) 의심을 품던 것이 풀림으로써 우리를 영접할 양으로"라고 '미개민'인 '청한 인민'에 대해 문명국의 '신사'로서 '예의'를 갖춘 '언행'을 취하도록 호소하였다.

또한 각계명사가 아사히신문사에 보낸 만한순유선기획 격려문에서도 마찬가지의 취지가 설명되어 있다. 관동도독 참모 니시카와(西川) 중좌는 아무리 일본이 전승국이라고 해도 만주가 일본의 것이 된 것은 아니기 때문에 청국인의 감정을 상하게 하지 않도록 주의하도록 하면서 "군대도 강하지만 진정한 일본국민도 어떠하다는 것을 보여주어 충분히 원주민(土民)을 감복시키고 싶다(『東京朝日新聞』 7월 23일)"고 전승국민으로서 '원주민'들을 감복시키는 언동을 하도록 주의를 촉구하고 있다.

여기에서는 보여지는 자신을 강하게 의식하고 있다. 이 자의식 과잉은 만주한국인들을 풍경의 일부인 것처럼 바라보는 의식과는 정반대인 것처럼 보인다. 그렇지만 사실은 그것은 표리관계이다. 현지인들을 자연풍경의 일부인 양 보는 것은 분명히 '미개민', '원주민'에 대한 전승국민의 우월의식에 근거하고 있다. 그러나 그 우월의식은 실은 확고하게 몸에 밴 것은 아니었다. 청일전쟁 더욱이 전년에 막 끝난 러일전쟁의 승리로 겨우 생겨난 유약한 의식인 것이다. 당사자들이 우월의식을 가져야만 하는, 가지는 것이 당연하다고 생각하게 된 말하자면 팽창한 의식이었다. 그것은 전술했듯이 만한순유선의 모집기사에서 '제국 국민'이 가져야 할 자세로서 해외 웅비를 주장한 것과 조응한다.

우월의식을 충분히 확신할 수 없었기 때문에 우월의식을 갖는 자신을 강하게 의식하지 않을 수 없었던 것이다. 거기에는 보여지는 자신을 강하게 의식하고, 타자에 대해 자신의 우월을 과시하는 체면을 지킴으로써 비로소 우월의식을 보유하게 되었다고도 할 수 있다. 더욱이 이러한 자신의 체면을 강하게 의식하는 것은 타자의 시선을 의식하고 있는 것처럼 보이지만 진정으로 타자의 시선을 본인이 의식하고 있었던 것은 아니다. 왜냐하면 자신들을 문명국민으로 생각하면 제멋대로 만주한국인의 시선을 상상하게 되고, 그에 대한 체면을 생각하는 것에 지나지 않기 때문이다. 상상으로 타자의 시선을 의식하고 있을 뿐으로 실제로 시선을 느끼고 있었던 것은 아니다. 오히려 우월의식은 실제의 만주한국인들의 시선에 대해서는 둔감했기 때문에 성립한 의식이었다. 그 점에서 이러한 자의식 과잉은 만주한국인들을 풍경의 일부로밖에 보지 않는 의식과 표리의 관계에 있었다고 할 수 있다.

원근법 속의 만주한국

로셋타마루의 귀항

8월 23일 로셋타마루는 무사히 고베항에 귀환했다. 그 모습을 『오사카아사히신문』(8월 24일)은 다음과 같이 전했다.

> 만선(滿船) 장식이 화려하게 우리 사기(社旗)와 함께 동쪽 하늘의 아침햇살은 평온한 물결을 비추고, 배는 안전한 정박지에 들어오는 이때, 옛 전장(戰場)의 구미나토가와(旧湊川) 뒤쪽에서 축포(祝砲)를 대신한 불꽃놀이는 하지 않고, (중략) 몇 척의 소형 증기선(汽艇)은 유영하는 물고기와 같이 자유자재로 파도를 헤치면서 본선(本船)에 배를 대고, 또 한척의 소형증기선에 의용음악대를 태운 것은 계속해서 환영의 음악을 연주하게 하고, 이들 수척의 증기선을 위시해서 고베시내의 우리 신문 매판소 직원 수백 명은 환영의 깃발을 앞세워 대형 커터[13]에 타고, 만선을 장식한 한척의 소형 증기선에 끌려가면서 몇 번인가 본선(本船)을 빙 돌아서 만세를 환호하는 등 파도에 울려서 소리가 맑아졌다. 이외의 우리 회사의 욱일기를 세운 배의 왕래는 옷감 짜는 것 같이(이하 생략).

13) 돛대가 하나인 소형 범선.

출항에서 러일전쟁 개선함대의 환영을 상기시킬 정도로 뒤지지 않는 대환영의 모습은 실제 아사히신문사가 로셋타마루의 귀항을 개선함대의 귀환에 견주었던 기사에서도 추측할 수 있다.

회원의 일부는 그대로 가와사키(川崎)조선소에 견학을 가서 그 조선소가 러일전쟁에서 활약한 많은 함선을 제조했다는 설명을 들었으며, 그 설비와 조선의 실황을 시찰했다. 최후의 최후까지 열렬히 많은 행사가 있었지만 러일전쟁 전승의 국력 발전을 학습한다는 여행의 목적이 관철되고 있었던 것이다.

그 후 니혼유센(日本郵船) 고베지사의 사무실을 빌려 아사히신문사 주최의 성대한 환영식을 마친 후 여행회는 해산하였다. 로셋타마루는 남은 승객을 태워서 25일 요코하마에 귀항해 최종적으로 만한순유여행은 종료했다.

이렇게 해서 최초의 해외단체관광여행으로서 만주한국순유선의 여행은 주최한 아사히신문사 자체가 여러 가지 점에서 서툴렀음에도 불구하고 거의 예정대로 진행되어 큰 사고 없이 무사히 종료했다. 여행 중에나 여행 후에도 참가 회원에게서 큰 불만이 나오지는 않았다.

이것은 아사히신문사의 미디어 · 이벤트로서도 큰 성공을 의미했다. 기획 발표 이래 큰 반향을 일으켰지만 그것이 원활하게 성공한 것은 아사히신문사의 명성을 크게 높였다. 이 성공은 다른 신문사에도 자극을 주어 8월에는 조센니치니치신문사가 만한만유여행(滿韓漫遊旅行)을 계획했고, 요미우리신문사가 그 접수창구가 되었다는 유사한 기획이 발표되었다. 또 마찬가지로 8월에 호지신문사(報知新聞社)는 로셋타마루에서 '순항박람회'를 개최한다는 계획을 발표했다. 이것도 로셋타마루의 지명도를 이용한 기획이었다.

'만한순유선을 맞이하다'

귀항 당일인 8월 23일 『오사카아사히신문』은 「만한순유선을 맞이하다」라는 제목의 사설을 게재해 이 여행의 성공을 기렸다. "신고(新古) 전장에서 육군과 해군의 설명은 좋은 감흥을 불러 일으켰고 기를 북돋아 담을 키운 자도 있었을 것이다. 그중에는 그 자제(子弟)가 전사한 유적에 임해서 애도하지 않을 수 없는 회원도 있었을 것이다. 경성의 폐궁에 가서는 한국이 현재의 상황이 된 이유와 오늘날 한일관계가 우연하지 않은 이유 등을 이해하게 되었고, 대련에서 요양 · 봉천의 각 도시를 지나고 나서는 전후(戰後) 국민의 큰 발전을 시도할 할 농상공업 상의 새로운 발견이 있었고, 그밖에 역사 · 문학상에서 얻은 이익 역시 적지 않을 것이다".

여기에는 지금까지 서술해 온 만한순유선여행의 의미가 아사히신문사의 입장에서 간결하게 나타나고 있다. 만주한국여행은 무엇보다도 '신고전장(新古戰場)', 즉 청일전쟁, 러일전쟁의 전적을 실제로 보는 것이었다. 더욱이 현지에서 군인의 설명을 듣고 지금까지 신문 · 잡지, 때로는 영화 등에서 알았던 전쟁을 추체험(追體驗)하는 여행이었다. 또 옛 한국의 영화를 보여주는 궁전[14]이 폐궁된 상황을 실제로 본 것은 한국 영락의 필연성과 그것을 식민지화하려고 하는 문명제국 일본 입장의 정당성을 새삼스럽게 납득하는 체험이었던 것이다. 더욱이 만주는 지금부터 일본이 발전, 진출할 땅으로서 실리의 가능성을 찾았을 것이다. 만주한국의 '역사문학'을 실제로 보는 것도 들 수 있지만 주목적에 부과되는 작은 이익에 지나지 않는다.

---

14) 경복궁을 가리킨다. 고종은 1895년 을미사변으로 이듬해 아관파천하였다가 1897년 경운궁으로 환궁하여 대한제국을 선포하였다. 이후 고종은 1907년까지 경운궁에 임어하였다.

이 사설은 앞에서 인용한 7월의 만한순유선 오사카 출항 때의 사설「만한순유선을 배웅하다」와 조응하고 있다. 앞에서 얘기한 여행의 의의는 거의 같다. 이 여행은 이 점에서도 당초의 목적에 따라 예정대로 진행되었다. 오히려 여행이 끝난 단계인 8월 사설에서는 한국만주를 실제로 보고 일본의 한국보호국화, 만주진출의 정당성을 실감할 수 있었던 의의를 보다 적극적으로 강조하였다. 아사히신문사 자신이 제국일본의 팽창을 학습한 여행이라는 의의에 대한 자각을 실제 여행을 통해 한층 더 깊게 했을 것이다.

만족한 회원들

회원들도 처음의 해외여행이었음에도 불구하고 여행기사에서는 회원이 저마다 여행을 즐긴 모습을 알 수 있었고, 작은 실패담은 있었어도 개개인의 제멋대로인 행위 때문에 여행에서 혼란이 생긴다거나 회원 간의 다툼이 생겼다는 것도 전해지지 않았다. 전국 각지에서 서로 알지 못하는 다종다양한 사람들이 모인 단체였고, 더욱이 해외단체여행의 규칙에 대한 공통이해도 거의 없었음에도 불구하고 집단에서 크게 벗어난 행동이 없었다는 것은 회원들의 협조가 잘되고, 의식이 균질화 되었다는 것을 의미한다.

회원 일부가 사전에 친목회를 개최하는 등 출발 전부터 상당히 적극적이었던 것은 이미 서술했지만 여행 중에도 전승국민에게 어울리는 행위를 취하려고 하는 자기 규율이 작용했다고 생각할 수 있다.

더욱이 사전에 갖고 있던 만주한국을 보는 틀이 여행의 실제 체험에 따라 동요하는 것 없이 오히려 회원의 전승국민 의식은 보다 결정화(結晶化)되었고, 여행이 전승국민을 만들어 간 것이다. 그 점에서도 여행자들은 만족했을 것이다. 참가회원들은 2년 후인 1908년 2월 9일에 당시에는 해상호텔이 된 로셋타마루에 모여 친목회를 개최했다(『東京朝日新聞』 1908년 2월

10일). 53명의 남아있었던 회원이 모였다는 것에서 만한여행이 참가자에게 대단히 강한 체험으로 계속 남아 있었던 것을 엿볼 수 있다.

원근법적 시선

이 여행에서 제국 일본의 관광의 시선이 성립했다. 그 시선에 대해서 지금까지 서술해 왔지만 정리해보면 여행자들이 '제국민(帝國民)'으로 만주한국이라는 타향과 타자를 보는 시선은 원근법적 시선이었다. 그들의 관심 대부분은 근경으로 향할 수 있었지만 근경에 있는 것은 청일전쟁 · 러일전쟁의 전적이었다. 만주한국의 풍물을 자신들의 틀, 이를테면 청일전쟁 · 러일전쟁의 격전지 · 전승지라는 틀에서만 본 것이다. 이러한 틀에서 보면 거리를 왕래하는 현지인들, 전원의 풍경 등은 원경에 지나지 않았다. 그것들을 실제로는 눈앞에서 보았다고 해도 자신들의 세계와 멀리 떨어진 세계로 밖에 보지 않았던 것이다.

원근법의 시선을 만든 것은 청일전쟁 · 러일전쟁 승리에 기반한 우월감이다. 더욱이 두 번의 전승은 단순히 군사력에 의한 전쟁의 승리라는 것만은 아니고, 자신들이 서양과 같은 문명국이 되었다는 증거라고 느낄 수 있는 것이었다. 그리고 자신들의 문명국화를 그 최전선에서 실제로 보려고 한 시선에서는 만주한국의 풍물과 자신들과의 차이는 문명-미개라는 축으로 바꾸었다. 만주한국의 풍물은 뒤쳐진 미개이고, 근경을 돋보이게 하는 먼 배경으로 보일 뿐이다. 혹은 만주한국을 자신과는 다른 미개로서 멀리 밀어냄으로써 스스로는 바라보는 주체로서 한층 명확하게 설 수 있게 되었고, 스스로의 달성을 만족스럽게 바라보게 되었다고도 할 수 있다.

그러나 여기에서 성립한 제국의 시선은 서양제국의 시선과는 다른 부분이 있다. 기바타 요이치(木畑洋一)는 제국의식의 구성요소로서 '민족 · 인종차별의식'과 '대국주의적 내셔널리즘'을 들어 "민족적 우월감과 대국주의

적 내셔널리즘이 결합된 부분에서 '제국의식'은 '문명화의 사명'감을 키워가게 된다. 우월한 위치에 있는 자신들이 대국 영국의 비호 아래에 있는 식민지와 세력권의 사람들에게 문명의 은혜를 베풀면서 그들을 높은 수준의 문명으로 혹은 거기에 가까운 곳까지 끌어 올리는 작업을 한 것이다라는 감각"을 키운다고 서술했다(木畑洋一, 「イギリス帝國主義と帝國意識」, 北川勝彦·平田雅博, 『帝國意識の解剖學』, 世界思想社, 1999). 이것을 영국 제국주의의 제국의식이라고 하면 일본의 제국의식, 더욱이 만한여행에서 나타난 제국의식에는 '문명화의 사명'감은 거의 보이지 않는다. 스스로를 문명, 만주한국을 미개라고 위치지우고 있지만 미개를 자신들이 문명화해 가는 대상으로는 보지 않았던 것이다. 서양이 스스로 자연스럽게 정치적·문화적으로 우월감을 익힌 것에 비해 일본은 자연스럽게 익힌 것도 아니고 주어진 것도 아니었던 것이다. 서양이 명백한 것으로 자신들과 관련시킨 확고한 정치적·문화적 우월감은 일본인에게는 자명한 것도 아니고 주어진 것도 없었던 것이다.

또 '문명화의 사명'감과 함께 제국의 시선이 갖는 것은 미개의 기묘한 풍속·사적에 대한 호기심이었다. 이러한 호기심은 미개의 문물을 관찰하고 분류한 과학의 발단이 되기도 했지만 미개에 대한 제국의 시선 중 하나였다. 그러나 만주한국에 대한 시선에는 이 같은 호기심도 부족하다. 여행 중 명승 등도 방문하였지만 그에 대해서 각별한 호기심을 갖고 접한 모습은 없었다.

만주한국의 문물을 미개한 것으로 열등시 하고, 자신들의 세력이 미치는 대상으로 간주하면서 '문명화'의 대상으로 보지 않고 또 그 풍속·사적에 대해 호기심을 갖지도 않았다. 그 시선은 대상을 보고 있지만 어떤 의미에서는 무관심에 가까운 것이었다. 결국 타향·타자를 보면서 거기에서 자기자신을 자기만족적으로 보고 있는 것이다. 해외에까지 나가서 외부를 본 것이 아니라 자신의 모습을 보았을 뿐이었다.

그것은 타자와의 만남이 없는 여행이었고 예상외의 것과 접해서 스스로의 틀을 흔드는 일이 없었던 여행이었다. 그 때문에 여행자들은 자기만족하고 여행은 큰 문제없이 진행되었다고 할 수 있다.

그러나 여행자들은 타자의 시선에서 완전히 자유로웠던 것은 아니다. 앞에서 서술했듯이 여행자들은 자신들이 현지인들로부터 어떻게 보여질까를 신경 썼다. 현지인들이 자신들을 문명국민으로 봐주기를 기대하고, 여행 중 문명국민으로서의 체면을 지키는 것을 유의하고 있었다. 제국민·문명국민으로서 보는 주체가 되었지만 동시에 제국민·문명국민으로 보여지는 자신을 강하게 의식하고 있었다.

그것은 여행자들이 제국민·문명국민으로서 충분한 확신을 아직 갖고 있지 않았기 때문이었다. 자신들은 제국민·문명국민으로서 미개민을 접해야 한다. 그렇게 함으로써 제국민·문명국민이 되려고 했던 것이다.

자신들이 열등시 했던 미개민의 시선에 의해 문명국민이 된 것은 기묘한 도착(倒錯)이었다. 더욱이 만주·한국인들이 문명국민, 미개국민이라는 가치서열에서 자타(自他)를 보고 있다고 기대한 것은 멋대로 생각한 것에 지나지 않는다. 결국 그것은 만주한국인들의 실제 시선을 의식하고 있는 것은 아니었다. 일본인측이 제멋대로 만주한국인들의 시선을 상정하고, 그 시선 속에서 문명국민으로서의 연기를 하였다고도 말할 수 있을 것이다. 일종의 자의식 과잉이지만 그것이 이 시기 일본인의 시선이었던 것이다.

일본 최초의 세계일주여행

3

세계일주여행회의 대기획

공전의 대이벤트

만주한국순유여행 2년 후인 1908년(명치 41) 1월 1일 설날, 『도쿄아사히신문』·『오사카아사히신문』은 「공전의 장거 무비의 쾌유 아사히 주최 세계일주회」라는 제목의 사고를 대대적으로 발표했다.

> 작년 정월 우리 회사는 세계 제일의 신문인 런던 타임스와 전보송수신 계약을 발표하였고 올해 정월에는 또 그 분야에서 세계 제일이라고 칭하는 런던 모회사와 특약해서 여기에 아사히 주최 세계일주회의 장거를 발표함으로써 다소 우리 독자들 평생 후원에 대해 보답하는 바이다.
> 세계일주회란 전년의 로셋타마루 만한순유의 계획을 확대한 것으로 우리 회사의 조사 결과 최단 시일과 최소 비용으로 가장 쾌적하고 가장 빠른 길로 서양의 각 도시를 순람할 편리를 제공하려고 하는 것이다.

아사히신문사가 세계일주여행을 주최한다는 것이다. 사고에서도 말하고 있듯이 재작년 만한순유여행이 큰 사회적 반향을 불러 일으켜 미디어·이벤트로서 대성공을 거두어 기세를 탄 해외단체여행기획 제2탄이다. 더욱이 세계일주라는 것이므로 만한순유여행을 훨씬 뛰어넘는 대규모 관광여행 계획이다.

원래 최초로 이 계획을 세운 것은 도쿄 아사히신문사의 기자였던 스기무라 소진칸이었다고 한다. 그는 1906년 만주한국순유선 여행에 동행하였고 나아가 1907년(명치 40) 3월 후시미 노미야(伏見宮)가 영국으로 건너갔을 때 동행 특파원으로 파견되었다. 그러한 경험에서 스기무라는 영국여행의 계획을 생각했고 수에즈를 통해 남쪽으로 돌아가는 항로, 시베리아철도로 왕복하는 2가지 방안을 생각했다.

하지만 일수나 일정에 무리가 있어 계획은 중지되었다. 거기에 오사카 아사히신문 기자 쓰치야 모토사쿠(土屋元作)가 과감하게 아메리카를 경유하고 영국으로 건너가 세계 일주하는 수정안을 내어 미국에서 영국, 유럽 대륙을 돌아 시베리아철도로 세계를 일주하는 과감한 대여행의 계획이 완성된 것이다.

토마스 쿡사와의 제휴

그러나 만주한국 여행 정도라면 아사히신문사도 어떻게든 자력으로 운영할 수 있었지만 세계일주여행이 되면 신문사가 부업으로 할 수 없었고, 이에 사고에서는 런던 모사라고 특약한 회사명을 밝히지 않았지만 후에 이것은 당시 최대의 여행대리업체였던 영국의 토마스 쿡사로 발표되었다. 아사히신문사의 세계일주여행은 이미 세계일주여행 등 해외여행에서 풍부한 경험과 지식을 가진 토마스 쿡사와의 제휴를 통해 구체화하였던 것이다.

토마스 쿡사는 프롤로그에서도 언급했듯이 가이드가 있는 단체관광여행의 대중화를 실현한 여행대리업의 선구자로 영국 국내여행에서 유럽 대륙 더 나아가 대영 제국의 영광을 배경으로 세계 각지의 여행에 손을 뻗쳐

나갔다. 1872년(명치 5)에는 최초의 세계일주관광여행을 조직하고 그 도중 일본을 방문해 "매혹의 나라" 일본을 대단히 마음에 들어 했다고 하였다(ピアーズ・ブレンドン 著, 石井昭夫 譯, 『トマス・クック物語』, 中央公論社, 1955). 쥘 베른(Jules Verne)은 쿡사의 세계일주여행을 힌트로 하여 소설 『80일간의 세계일주』의 영감을 얻었다고 한다. 이 소설은 같은 해 파리의 신문 『르 탕(Le temps)』에 연재 되었고 신문 발생부수가 비약적으로 늘 정도로 대인기를 얻었다. 당시의 신문 독자는 주인공 포그와 파스파르투가 80일간에 정말로 세계를 돌아서 내기에 이길지 질지를 매호마다 숨죽이며 애독했다. 베른의 소설은 메이지 초년에 일본에서도 번역되어 평판이 좋았다.

또한 그 후 서양에서는 세계일주 빨리하기가 화제가 되었고 일본 신문에도 재미있는 통신으로서 게재되었다. 예를 들어 『지지신보』 1891년 8월 14일자는 한 미국인이 55일간의 세계일주를 하여 세상을 놀라게 하려 했지만 61일이 걸려버렸다는 에피소드를 게재하고 있다. 그러나 당시 많은 일본인에게 세계일주는 먼 꿈과 같은 일로 기껏해야 서양사람이 하는 별세계의 일이었던 것이다. 거기에 아사히신문사의 기획으로 세계일주단체여행이 게시된 것이기 때문에 놀라움이 되었다.

욕망의 광맥을 발굴하다

미디어・이벤트로의 성공 여부는 얼마나 많은 사람들의 호기심을 불러일으키는가, 폭넓은 화제가 될 수 있을까에 있다. 하나의 기획이 성공했다고 해서 같은 종류와 같은 규모의 기획을 단순히 반복해서는 인기가 사그라져 타사와의 경쟁에도 지고 만다. 보다 신기하고 보다 화제성을 가진 기획을 고안하는 것이 관건이다. 하지만 너무 엉뚱하면 오히려 사람들의 관심을 끌지 못한다. 사회계층의 깊은 곳에 말하자면 광맥처럼 잠재돼 있는 사람들의 의식 욕망을 발굴하여 하나의 이벤트로 구체화했을 때 그 이벤트는 큰 반향을 불러일으키는 것이다.

아사히신문사는 전년의 만한순유선의 대성공에 따라 이때까지는 생각할 수 없었던 해외단체여행이 많은 사람들의 관심을 사로잡는 일임을 알았다. 해외여행 열기라는 광맥을 파고 맞춘 것이다. 그러나 이 광맥이 어느 정도의 폭과 깊이를 갖는 것인지는 짐작할 수 없었지만 그래도 해외여행열기를 구체화하는 제2의 이벤트로 세계일주여행을 내놓은 것이다. 만한순유선이 성공했다고 해서 바로 다음은 세계일주여행이라는 것은 매우 대담한 일이었다. 확실히 전대미문의 계획이며, '공전의 장거'라는 것도 굳이 과장이라 할 수 없을 것이다.

세계일주의 여정

해외여행 열기라는 광맥에서 발굴하고, 아사히신문사가 가공성형한 세계일주여행이라는 이벤트는 어떻게 디자인 되었을까. 설날의 지면에 발표된 것은 우선 하와이에서 미국 서해안으로 건너가 미국을 구경한 뒤 영국, 유럽 각국을 순회, 시베리아철도로 쓰루가(敦賀)로 돌아오는 여정이다. 일수와 비용은 명확하지 않았고 상세한 것은 나중에 발표하게 되어 있었으나 1월 10일이 되어 자세한 일정, 비용, 모집 인원 등이 발표되었다. 그에 따르면 여정은 90일 예정으로 다음과 같다.

3월 18일 요코하마 출발(몽고리아마루)
3월 28일 호놀룰루 도착
4월 3일 샌프란시스코 도착
4월 5일 샌프란시스코 출발
4월 6일 솔트레이크 도착
4월 7일 솔트레이크 출발

4월 9일 시카고 도착
4월 12일 시카고 출발
4월 14일 보스턴 도착(도중 나이아가라 구경)
4월 16일 보스턴 출발
4월 17일 워싱턴 도착
4월 19일 워싱턴 출발, 뉴욕 도착
4월 23일 뉴욕출발(화이트스타)
5월 1일 리버풀 도착, 런던 도착
5월 16일 런던 출발, 파리 도착
5월 21일 파리 출발
5월 22일 베를린 도착
5월 25일 베를린 출발
5월 26일 페테르스부르크 도착
5월 29일 페테르스부르크 출발, 모스크바 도착
5월 31일 모스크바 출발(시베리아철도)
6월 7일 이르크츠크 도착
6월 12일 블라디보스토크 도착
6월 13일 블라디보스토크 출발
6월 15일 쓰루가 도착

비행기를 이용하는 현재의 여행에서 보면 기선이나 기차의 여정이 대단히 오래 걸리고 특히 태평양 횡단만으로 17일이나 걸렸다. 그러나 주요도시에서의 체재일수는 비교적 여유 있게 하면서 90일간 세계일주를 하는 것이므로 약 30년 전의 소설에서 80일간의 세계일주가 2만 파운드 도박이 되었던 것에서 보면 세계는 급속하게 작아지고 있었던 것이다.

아시아를 보지 않는 세계일주

여정에서는 미국에 20일간 체재하는데도 불구하고 영

국은 16일간 체재하였다. 미국의 20일 중 시내구경에 해당되는 것은 샌프란시스코 1일, 시카고 1일, 보스턴 1일, 워싱턴 1일, 뉴욕 3일 등 총 8일에 불과하였다. 이에 비해 런던과 그 교외의 구경에는 14일이나 배정되었다. 또한 프랑스, 독일, 러시아에서 구경하는 일수를 배정하지 않았다.

한정된 일수 가운데 각 도시의 구경에 균등한 시간을 배분할 수 없는 것은 당연한 것이지만 여정에서 보는 한 영국에서의 체재와 구경이 중시되었다. 이것은 우연이 아니라 앞에서 말한 것처럼 최초의 착상은 영국 관광여행이었던 것에서 알 수 있듯이 영일동맹의 동맹 국가로서 또는 정치 · 경제 · 문화 등 최선진국으로서의 영국이야말로 다른 나라를 제쳐두고라도 방문해야만 하는 나라였기 때문이었다.

그래도 미국, 프랑스, 독일 등은 띄엄띄엄 구경하는 것으로 되어 있었지만 이 세계일주여행에서 완전히 무시되고 있는 것은 아시아였다. 당초는 수에즈를 돌아서 영국에 갈 것으로 생각을 했기 때문에 아시아가 전혀 안중에 없었던 것은 아니었던 것 같다. 그러나 일수와 기후의 측면에서 남쪽으로 돌아갈 수밖에 없게 되었고 아시아는 완전히 관광의 대상에서 제외되었다. “이번 여정은 가장 문명적이며 가장 유쾌한 경로를 선택했다(「一周会由来」(2), 『東京朝日新聞』 1월 7일)”고 선전되었지만 세계일주라고 하면서 아시아는 시각 밖에 있었다. 서양을 보는 것이 세계를 보는 일, ‘문명’을 보는 것으로 생각되어 그것을 지극히 당연한 것으로 보았던 것이다.

여행의 비용

이 세계일주여행에 얼마의 비용이 든 것일까. 총 비용은 2,100엔, 이외에 용돈 등이 필요했다. 전술한 것과 같이 만한순유선은 최상등급인 갑이 60엔이었으므로 이것의 35배이다. 1906년의 경찰관 초임이 12엔으로 175배가 된다. 상당한 고액 소득자 아니면 참여할 수 없는 금액이었다.

그만큼 대우는 극진하여 서양에서 기선, 기차는 기본적으로 1등실을 이용하였다. 시베리아철도만은 2등실이었지만 블라디보스토크에서는 1등실을 이용하였다. 토마스 쿡사의 사원이 전 일정에 걸쳐 최저 1명이 수행하고 시내구경에는 토마스 쿡사가 마차나 자동차를 준비하는 것으로 되어있었다. 그밖에 아사히신문사에서 외국여행의 경험을 가진 스기무라 소진칸과 쓰치야 모토사쿠 2명이 동행했다.

이 해 8월 세계일주여행에 나섰던 하라 다카시(原敬)는 1만 1,000엔을 준비하였는데 그 중 1,000엔이 배삯이었다(『原敬日記』 명치 41년 8월 24일). 이것과는 비교할 수 없지만 아사히신문사 주최의 여행도 전체적으로 매우 화려한 여행이었다. 최초의 세계일주여행으로서 여행의 안전과 참가자의 만족을 얻기 위해 신문사로서는 일본인 여행자가 1등승객이 되고 현지 서양인의 기준에서 봐도 뒤지지 않는, 오히려 높게 평가되도록 의도한 것 같다. 서양사람에게 보여 부끄럽지 않은 문명 국민의 여행을 만들려고 했던 것이다.

여행자의 복장

그것은 복장에 대한 사전 주의에도 나타났다. 아사히신문사는 회원 모집시 회원의 복장에 관하여 세세한 주의를 하였다. 그것은 여행지의 기후에 맞는 복장을 준비하는 것도 있지만 그것만이 아니었다. "여행 중 회원은 모두 양복을 착용할 것. 여성은 일본 옷에 짚신도 가능. 여행자는 특수 취급을 받음을 예로 하지만 예복은 잘못 입었다고 보이지 않도록 조심하여 프록코트 및 연미복을 한 벌 휴대할 것"이라고 주의를 주었던 것이다.

남성은 모두 양복을 착용하라는 것은 바로 서양과 대등한 세계 일류 국민으로서 서양 사람들이 볼 때 부끄럽지 않은 복장을 하라는 것이다. 만한

여행에서도 양복이 장려되었지만 세계일주에서는 필수가 되었던 것이다. 그럼에도 불구하고 프록코트와 연미복까지 휴대시키려고 하고 있다. 서양의 요인과 면회라는 장면을 상정하고 있는 것이지만 그러한 장면에서도 어디까지나 서양의 기준에서 볼 때 적절한 복장 · 예의범절을 익히는 것이 일류국민의 바람직한 모습이라는 생각이 관철되고 있는 것이다. 이러한 복장에 대한 주의에서도 서양 열강과 대등하게 교제를 하려고 하는 의식을 확실히 볼 수 있다.

그러나 여성은 기모노 착용도 가능했다는 것이 흥미를 끈다. 물론 이것은 당시의 여성이 기모노에 익숙해져 있던 것에 대한 배려만이 아니었다. 서양사람의 눈을 의식하여 일본의 독특한 문화로서 여성의 기모노를 보여주려고 한 것일 것이다. 그러나 남성은 모두 양복만 착용하도록 하고 여성은 기모노 착용도 가능하게 한 구분은 서양과 대등한 문명국민으로 남성을, 여성은 그 동반자로서 감상의 대상이라는 생각이 잠재하고 있었다고도 할 수 있다.

회원모집

2,100엔이라는 고액의 여행비용이므로 회원수의 설정은 어려워서 1월 5일자 지면에서 회원수는 25명이상 50명 이하로 하고 "선정은 본사의 사정에 따른다."고 발표했다. 375명의 회원을 모집한 만한순유선과 비교하면 훨씬 규모가 작다. 모집 회원수에 여유를 갖게 한 것은 응모자수의 예측이 어렵고, 또 응모자의 지불 능력과 사회적 지위 등도 조사할 필요가 있었기 때문일 것이다. 『아사히신문』 기사에 따르면 상한을 50명으로 한 것은 토마스 쿡사의 요구이며, 참가자가 30명 이하일 경우에는 할증비용이 필요하지만 아사히신문사는 25명 이상이면 손익을 무릅쓰고 실행할 예정이었다고 한다(『東京朝日新聞』 1월 16일). 다만 독자로서는 아사히신

문사 기획의 신뢰성에 대해서도 불안하였을 것이므로 기획자나 응모자가 함께 모색하는 상태로 시작한 것이다.

그러나 기획 발표 직후부터 예상 이상의 반응이 있었다. 1월 2일자『도쿄아사히신문』은 타카치호(高千穗)학교장 가와다 테쓰야(川田鐵彌)의 참가 신청이 있었는데 이것이 가맹 1호라고 보도하였다. 또한 이 신문은 오사카아사히신문사 쪽에도 세 명의 참가 신청이 있었다고 전하였다. 여정이나 비용 등 여행에 대한 상세한 내용이 아직 발표되지 않은 시기부터 민감한 반응이 있었던 것이다. 응모자 상황 등은 발표되지 않았지만 1월 중순 기사에서는 "오늘까지 신청자 수를 살피면 50명은 물론이고 100명이라도 모집될 것 같다(『東京朝日新聞』 1월 16일)."고 다수의 응모자가 있었던 것이 보도되었다. 이러한 기사로 볼 때 모집 상황은 좋았던 것 같다.

2월 4일자『아사히신문』은「세계일주회 회원결정」이라는 기사를 게재하여 "세계일주회 신청에 대한 심사는 어제 3일 완료하고 즉일 입회 승낙서를 발송하고 신청자로서 승낙서를 받지 못한 사람은 인원제한 때문에 어쩔 수 없이 선정되지 못한 것으로 양해바랍니다"라고 하였다. 이에 따르면 아사히신문사는 다수의 신청자를 심사하여 세계일주회 회원을 결정하였고 선정되지 못한 사람이 몇 명인가 있었던 것이 된다. 고액의 세계일주여행이라는 과감한 기획에도 불구하고 반응은 예상 이상이었던 것이다.

회원명부가 신문지상에 발표된 것은 출발 5일 전인 3월 13일이다. 이벤트를 북돋우기 위해서는 일반 독자에게 어떠한 사람들이 세계를 일주하는가 선전할 필요가 있었지만 아사히신문사는 여비 입금을 확인하기까지는 회원 명부를 확정할 수 없었던 것이다.

유한계층의 성립

발표된 세계일주회 회원은 기사 속에서는 총 인원수 55

명으로 기록되어있지만 이름이 나열된 사람은 54명이다. 혹은 이 시점에서 미확정자가 1명 있었을지도 모르지만 실제 여행에 나선 것은 이 54명이다.

아사히신문사가 최저 25명으로 각오를 하고 있었음에도 불구하고 거의 상한인 54명의 회원을 확보할 수 있었던 것은 약 3개월의 여행을 비싼 비용을 들여 즐길 수 있는 경제적 · 시간적 여유를 가지고 있고, 해외에 대한 관심이 높은 유한계층이 형성되었던 것을 보여주는 것이다. 물론 이것은 러일전쟁 이후 일본의 경제력이 형성한 사회계층이다. 세계일주여행은 러일전쟁 후 일본의 경제력이 표출된 것이기도 하였다.

세계일주회 회원

신문에 게재된 회원 이름 · 주소 · 직업은 〈표 6〉과 같다. 기사에 기재된 직업에 따르면 도시상공업소유자 · 경영자층이 중심이었다. 농업으로 기재된 사람은 2명에 불과하다 코쥰샤(交詢社) 『니혼신시로쿠(日本紳士錄)』에 게재돼 있고 소득세, 영업세의 납부액이 판명되는 사람이 28명이다. 가장 많은 사람은 노무라재벌(野村財閥)의 창립자로서 주식현물도매상(株式現物問屋)인 노무라 토쿠시치(野村德七)로 약 6,800엔, 가장 적은 사람은 21엔으로 상당한 격차가 있지만 전체로서는 상당한 고액이다. 인명록에 기재가 된 것 자체가 상류층임을 보여주고 있으며 명확하게 만한순유선 참가자보다도 매우 높은 사회계층이다.

지방별로 보면 오사카가 가장 많은 19명, 다음으로 도쿄 14명, 이하 효고현(兵庫縣) 6명이다. 도쿄 · 오사카 · 고베 · 요코하마 등 대도시 거주자가 대다수로 도시 외부 주소로 되어있는 사람은 7명에 불과하다. 또 간사이 거주자가 간토 거주자보다 많았다. 만한순유선에서도 같은 경향이 있었지만 세계일주회의 경우가 보다 두드러진다.

이러한 지리적 분포는 한편으로는 동서 『아사히신문』의 독자 분포의 반

〈표 6〉 제1회 세계일주회회원

회원성명	주소	직업	납세액
井出三郎	熊本県	신문사장, 지주	
井山政之助	京都市	명주(生絲)도매	◎42
井上德三郎	大阪市	삼품주식중매(三品株式仲買)	◎310, ×768
猪飼史朗	大阪市	의약업	◎1323
岩本栄三郎	大阪市	잡화도매	×70
逸見仁之助	大阪市	장아찌(奈良漬) 상인	
服部保蔵	大阪市	잡화도매	保太郎◎862, ×700
芳賀吉右衛門	東京市	면직물(太物)도매	◎30
西田 亮	青森市	어업 및 주조업	
堀 米吉	大阪市	시계 및 귀금속상	◎750, ×600
堀 鶴子	大阪市	堀 米吉의 부인	
外山政蔵	東京市	회사원	
大沢德平	大阪府堺市	주조업	
大久保不二	水戸市	농광업	
小川正次郎	東京市	광산기계제조판매업	◎51, ×255
小川茂七	東京市	과자제조업	◎181, ×169
片山茂三郎	京都市	지주	
河瀬芳三郎	大阪市	양반물상(洋反物商)회사중역	◎91, ×281
勝田忠一	大阪府三島郡	농업	
川田鉄弥	東京府豊多摩郡	학교장	◎34
吉原正隆	福岡県三潴郡	대학원	
米谷秀司	東京市	북해도물산(北海道物産) 중역 및 무역상	
高倉藤平	大阪市	주식회사중역, 미곡중매인	蔵平◎408, ×643
瀧川英一	神戸市	성냥(燐寸) 제조업	弁蔵◎5183, ×1999
竹村利三郎	東京市	은행지배인, 변호사	
田島達策	東京市	운송업합자회사장	◎211
莊保勝蔵	大阪市	양반물상(洋反物商) 띠감(帯地)	
塚本喜市	東京市	학생	
中野虎吉	大阪府南河内郡北		
中村平三郎	東京市	부회의원(府會議員), 직물업	◎390, ×68
永見省一	大阪市	은행원	
成島菊次郎	東京市	부회의원(府會議員), 牛鳥肉業	◎477, ×218
梅原亀七	大阪市	시회의원(市會議員), 주식중매	◎336, ×95
梅原柳子	大阪市	梅原亀七의 부인	
野村德七	大阪市	주식현물매매도매	◎4505, ×2307

野村美智子	横浜市	野村洋三의 부인 미술품잡화상	洋三◎972, ×804
久留島武彦	東京市	잡지기자	
山口保三郎	栃木県足利郡	기업	
松崎友吉	東京市	구회의원(区會議員)	
桝谷熊吉	神戸市	주식미곡중매인	◎750, ×213
桝谷正造	神戸市	桝谷熊吉의 남편	
小西又助	大阪市	은행 중역 외래직물상(舶来織物商)	◎186, ×470
小西平兵衛	大阪市	모직상(羅紗商)	◎390
榎並直三郎	神戸市	회사원	直五郎◎387
朝山吉之助	神戸市	다상(茶商)	◎92
佐分愼一郎	愛知県中島郡	은행중역	
吉良元夫	豊後国大野郡	주조업 및 간장(醬油)제조업	
北出富三郎	大阪市	시계 및 귀금속상	◎34
南 熊夫	大阪府南河内郡	오사카고등상업학교교사	
三谷原治郎	京都市	주식미곡중매인	◎21
三木佐助	大阪市	도서(図書)회사 중역 및 악기상	◎2378, ×500
柴田音吉	神戸市	양복상	◎540, ×273
人見米次郎	神戸市	창고회사지배인	◎49
杉原栄三郎	東京市	도쿄부회의장(府會議長) 메리야스제조업	
土屋元作	오사카아사히신문 특파원		
杉村広太郎	도쿄아사히신문 특파원		

(『일본신사록(日本紳士錄)』〈제15판 · 명치 43년〉에서 작성. ◎소득세, ×영업세)

1) 본인성명의 기재는 아니지만 동일주소에 같은 성과 다른 이름의 기재가 있는 경우는 친자 · 형제 · 부부로 추정하고, 기재되어 있는 사람의 납세액을 기입하였다.

2) 逸見仁之助, 大久保不二, 小川茂七, 勝田忠一, 梅原亀七, 松崎友吉, 小西又助, 朝山吉之助는 만한순유선 참가자.

영이라 할 수 있다. 아사히신문사의 본거지는 오사카에 있었으며, 『오사카 아사히신문』 쪽이 발행부수도 많았고 사회적 신용도 높았던 것이다. 그것뿐만 아니라 유한계층이 특히 오사카 · 고베 등의 간사이지방 도시에 많았던 것으로 생각할 수 있다. 전체적으로는 세계일주회 회원은 도시의 일부

상류 계층이었다고 할 수 있다. 여성회원은 3명이지만 아사히신문사가 발표한 회원 자격에는 "본사에서 적당하다고 인정하는 보호자를 동반한 여성은 회원자격을 얻을 수 있다"고 했으며 기본적으로는 남성만을 모집하고 동반자로서 여성의 참가를 인정한 것이다. 당시의 상황에서 여성이 해외여행에 가는 것만으로도 대단한 일이었으므로 동반자라고는 해도 3명이나 참가한 것은 적극적이고 활동적인 여성의 등장을 보여주는 것이라고 볼 수도 있다. 전술한 것과 같이 만한순유선에는 여성 참가자는 1명도 없었다. 세계일주회는 상류계층을 대상으로 하는 고액의 여행이었기 때문에 여성의 참가가 가능하였다고 할 수 있을 것이다.

또한 만주한국순유선에 참가하고 이번 세계일주에도 참가한 사람도 8명이나 있다. 하나의 해외여행이 다음의 해외여행에 대한 관심을 불러일으킨 것으로서 일찍이 리피터(repeater: 재방문자)가 출현한 것이다.

세계일주여행 이야기

이야기의 창조

일정한 디자인에 따라 세계일주여행이 만들어지고 또 그것에 참여하는 지원자가 모인 것이기 때문에 여행대리업이라면 이것만으로도 충분히 성공이라 할 수 있을 것이다. 그러나 아사히신문사는 신문사이고 여행대리업은 아니었기 때문에 이것만으로는 성공이라 할 수 없었다. 참여자를 유치하는 것뿐만 아니라 그것을 명백하게 상회하는 신문독자에게 세계일주의 기사를 읽게 하여 큰 사회적 화제가 되는 미디어 · 이벤트로 만들지 않으면 안 되었기 때문이다. 만한순유선의 경우는 러일전쟁 보도의 연장선상에서 제국 일본의 형성이라고 하는 이야기가 더해져 예상을 뛰어 넘는 반향을 불러 일으켰다.

이 세계일주여행도 당시 사회에서 큰 의미를 가진 사건이라는 것을 말하고, 그것이 많은 독자의 공감을 불러일으키지 않으면 안 되었다. 재산과 시간을 가진 일부 사람들이 세계일주여행을 즐겁다는 행위만으로 취급하면 유한계급의 현시적 여가 · 현시적 소비(ヴェブレン, 高哲男 譯, 『有閑階級の理論』, 筑摩書房, 1998)일 뿐이다. 그것은 일반 독자의 호기심을 끄는

것은 있어도 경우에 따라 반감을 불러일으킬지도 모른다. 그것이 미디어·이벤트로 일반 독자의 공감, 적어도 관심을 끌기에는 세계일주여행에 참여하는 자, 또는 그 여행기를 신문기사로 읽는 자로서 1908년의 시점에서 세계일주여행이 사회적, 문화적인 의미를 가지고 있는 것을 설명하는 일종의 이야기가 필요한 것이다. 그러한 이야기가 공유됨에 따라 세계일주여행은 사회적·문화적 사건이 되어 많은 독자가 공감하는 관심을 가지고 읽는 뉴스가 되는 것이다.

서양열강과의 대등한 교제

아사히신문사는 "일본도 러일전쟁 이후 세계의 일등국의 반열에 올라 서양열강과 대등한 교제를 갖는 모양이 되었지만 쇄국 이후 오래된 일본인지라 어디까지나 인입사안(引込事案)이 많고, 해외순유 등을 터무니없는 귀찮은 일로 생각하는 사람이 적지 않았다.(중략) 여기에서는 갈 수 없기 때문에 우리 회사는 세계일주회를 발기하고 손쉽게 성공할 수 있도록 시일과 비용을 줄여서 세계의 요소를 보여주려고 기획한 것이다(「一周会由来 (1)」, 『東京朝日新聞』 1월 16일)"라고 하였다. 지금까지 일본은 방문하는 서양 관광객을 받아들일 뿐이었지만 지금은 "세계 일등국의 반열에 올라 서양 열강과 대등한 교제를 하는" 것 같이 되었다. 그래서 이번에는 일본인이 서양의 명승을 관광하고 더욱이 세계를 일주하는 여행을 하려고 혹은 하거나 해야 한다는 것이다. '세계의 일등국'으로서 '서양 열강과의 대등한 교제'를 하는 것, 이것이 아사히신문사 주최 세계일주여행 이야기의 기본적 모티브였던 것이다.

전술했듯이 만주한국순유선에도 '세계의 일등국'에 오른 '제국 일본'이라는 이야기가 있었지만 세계일주여행은 그것을 근거로 서양열강과의 대등성이라는 것이 중요한 테마가 된 것이다. 더욱이 대등하게 된 그 서양을 보러가는 것이다. 만주한국 여행에서 여행자가 보러 간 것은 자신의 새로운 세력권이었으며 만주, 한국의 사람들과 '교제'한다는 발상은 처음부터 없었다. 실제의 여행 중에도 이러한 장면은 거의 없었다. 그러나 이번에는 서양을 보러가서 대등한 '교제'를 하려고 한 것이다. 거기에서는 만한여행과 세계일주라는 단순한 여행의 규모를 뛰어넘어 여행자와 현지인들과의 관계를 갖는 방법에 큰 차이가 있었다.

제국을 대표하다

'서양 열강과 대등한 교제'를 하는 것이 되면 여행자들은 그에 상응하는 역할을 연출하지 않으면 안 되었다. 여행의 주최자인 아사히신문사는 세계일주여행 회원에 대하여 다음과 같이 설명을 하고 있다. "일주 회원은 그 직업의 종류가 잡다하고 통일성이 없다. 연령이 많고 적어 복잡할 뿐만 아니라 소수의 여성이 있기 때문에 교제에 어려움이 있었다. 즉 외국인이 이것을 보면 일본 국민의 축소지도를 펼쳐 보는 것과 같이 볼 수 있다. 그들은 그러므로 제국민의 진면목을 보기에는 지극히 적절하다고 생각되지 않는다"(「往けよ世界一周会」, 『大阪朝日新聞』 3월 16일자 社說). 실제로는 회원의 직업·연령 등에 일정한 차이는 있지만 '통일성이 없다'고 할 정도로 다양성이 있었던 것은 아니다. 오히려 전술한대로 도시 상류계층을 중심으로 한 동질적인 집단이었다. 그것을 '일본 국민의 한 축소도', '제국민의 진면목'이라 한 것은 서양 사람의 눈을 의식하고 있었기 때문이다. 여행회가 서양을 여행하면 서양에서 반드시 그렇게 보여질 것이라는 것이다. 따라서 "생각하기에 회원 모두 본국에서 중류 이상의 인사이다. 적절히 각자 항상 제국을 대표하고 있는 중대한 책임을 돌아보는 것을 요한다"는 것이다. 세계일주여행회원은 개인으로 여행하는 것이

아니라 '제국을 대표'하여 행동하는 역할을 수행한다는 것이 요구되었던 것이다.

'보다'와 '보여지다'

이러한 여행 회원의 역할에는 이 세계일주여행에서 보는 것과 보여지는 것이라는 이중의 성격이 나타나고 있다. 『오사카아사히신문』 사설(3월 16일)은 회원을 격려하고 있다. "우리는 2개의 희망을 가진다. 하나는 회원 모두가 각자 충분히 관찰을 다해 유감없을 것, 두 번째는 제외국인에게 우리 국민을 알리는 것, 이것입니다. 생각건대 일본이 세계에서 가지는 지위는 현재 이 두 가지를 필요로 합니다". 여행자들은 서양을 관찰하러가는 것이기도 하지만 동시에 서양으로부터 보여지는 것을 기대하고 있다. "요컨대 우리가 이번 일에 기대하는 바는 우리 국민의 근엄순아(謹嚴淳雅)로서 문명국민으로 어깨를 나란히 하여 추호도 부끄러운 바가 없는 특성을 그들 외국인에게 모두 알림과 동시에 회원 각자가 충분히 그 관찰을 하여 직접 세계적인 문명에 접하여 견문을 넓히고 돌아와 이것을 국내 각 방면으로 전파시키는 것, 이것입니다(앞의 책, 『大阪朝日新聞』 社說)".

여기에 단적으로 서술되어 있는 것 같이 세계일주여행은 첫째는 일본인이 '문명 국민'으로서 세계를, 서양을 보러 나가는 여행이다. 일본인 단체가 세계일주여행을 하는 것 자체, 일본이 '문명국'의 일원이 된 것을 세계에 보이는 행동이었다. 그러나 서양의 명소를 악의 없이 보기만 하는 여행은 아니었다. 일본인 여행자는 동시에 서양인으로부터 보여지는 것을 상정하고 있었다. 서양 사람들의 시선 속에 들어가는 것이었다. 여행자는 관광객으로서 '보는' 것이지만 동시에 '보여지는' 것이다. 그리고 보다 적극적으로 일본국민이 '문명국민으로 어깨를 나란히 하여 추호도 부끄러운 바 없는 특성'을 서양인에게 보여주는 여행, 자기를 내어 보이는 여행이라는 위치를 부여받는 것이기도 하였다.

신흥국민의 자의식

상대를 봄과 동시에 자기도 보여진다는 관계는 '대등한 교제'를 하는 것에서 보면 당연한 것이다. '대등한 교제'란 '보다', '보여지다'라고 하는 상호적인 관계인 것이다. 또한 이러한 '보다', '보여지다'라는 관계는 세계일주여행이 처음은 아니다. 앞서 언급했듯이 만주한국순유선도 첫 번째로는 만주한국을 보러가는 여행이었지만 동시에 여행자들은 현지 사람들로부터 어떻게 보여지는가도 의식하고 있었다. 그러나 그 경우 보여지다란 '미개'한 사람들에게 '문명국민'으로 보여지는 것을 제멋대로 상상하고 있던 것, 말하자면 자의식 과잉이었다. '보다', '보여지다'라는 관계가 성립하고 있었다고도 할 수 있지만 그것은 일본인의 상상 속에 있을 뿐이었다. 일본인은 '문명국민'이라는 스스로의 우월성을 믿고 싶었기 때문에 '보다', '보여지다'라는 관계를 상상하고 있었을 뿐이라 할 수 있다. 따라서 현지 사람들의 실제적인 시선에는 매우 둔감하거나 거의 무시했다.

그러나 서양 여행의 경우 일본인 여행자는 서양인의 실제 시선을 의식하지 않을 수 없었다. 서양인의 가차 없는 시선에 노출된 자신을 각오하고 있었던 것이다. 만주한국과의 관계에서는 문명의 기준은 일본측에 있었기 때문에 문명국민이라고 보여지는 자신을 상상하면 되었지만 서양과의 관계는 문명의 기준이 일본인에게 있는 것이 아니라 서양인 측에 있었던 것이다.

일본인은 프록코트 착용의 예와 같이 자기를 '문명'의 기준에 맞추지 않으면 안 되었다. 서양의 기준에 맞출 수 있는 자기를 서양인에게 보여주지 않으면 안 되었던 것이다. 이번에는 상상 속의 타자의 시선이 아니라 실제 타자의 시선을 두려워해 보여지는 자기를 과잉으로 의식하게 되었던 것이다. 최초의 세계일주여행은 러일전쟁 후의 일본의 국제적 지위의 상승, 경제력의 확대를 배경으로 하여 사회적, 문화적 의미로 형성되었다. 여행열이라는 광맥(鑛脈)은 단순히 해외여행에 대한 관심일 뿐만 아니라 러일전쟁 후의 열등국 의식에 치장됨에 따라 사회적, 문화적 사건이 되어 미디어·이벤트로 크게 팽창해 갔던 것이다. 하지만 거기에는 서양 중심의 국제사회에서 신흥 제국으로 뛰어 오르고 대등한 관계를 만들려고 한 제국 일본의 굴절된 자의식이 집단적으로 나타났던 것이다.

서양을 보다

'일주회여행기'

설날에 세계일주여행을 발표한 이후 동서의 『아사히신문』은 이것을 고조시키는 기사를 연일 게재했다. 여행의 상세한 일정 · 주의사항과 각계 명사의 찬동기사가 매일 게재되어 세계일주여행의 기사가 끊어지는 일은 없었다.

그러나 만주한국여행과 같은 다양한 기증품이 앞을 다투어 쇄도하는 것 같은 상황은 아니었다. 미쓰코시(三越)가 신제품인 신발 '세계호'를 전 회원에 증정하거나(『東京朝日新聞』 1월 20일) 모리시타은단(森下仁丹)이 여행자에게 전별품으로서 은단이 적당하다고 선전하거나 하는 정도였다. 이것은 아사히신문사가 '기증품 사절'을 사고로 광고했기 때문이지만 만한여행만큼 무조건적인 공감은 얻지 못했다고 하는 것이 옳을 것이다.

『도쿄아사히신문』은 1월 29일부터 「일주회여행기(一周会道中記)」라는 기사의 연재를 시작했다. 이것은 "일주회의 신청마감도 어느덧 2, 3일 안으로 다가왔으며 예정된 여행기를 쓰기 시작했지만 누구도 이의를 제기하지 않았다"는 보충설명이 붙어있으나 실제 세계일주여행의 기사가 아니라 여행회의 여행을 사전에 예상하고 기사로 꾸민 것이었다. 예를 들면 "3월 18일 요코하마 부두 몇 만의 배웅인의 만세성리에 우리 일주회원은 세계일주의 여로에 오르는 것이다. 승선은 태평양기선회사의 거함 몽고리아마루(이하 생략)"라는 모양새로 세계일주회의 여행의 예상기사를 게재했다. 이후 예정된 여정에 따라서 하와이 호놀룰루에서 샌프란시스코로, 세계 각지를 차례로 여행하고 있는 것 같이 기사를 연재하고 모의적인 세계여행의 체제로서 세계 각지의 명승명소를 간결하게 소개하였다. 앞으로 실제 세계일주여행을 하려고 할 때 그 예정기사를 사전에 연재한다는 것은 기묘한 신문기사였다.

이러한 기사가 연재된 것은 일반 독자의 경우 서양의 도시나 명소가 대부분 친숙하지 않았기 때문일 것이다. 『아사히신문』이 발표한 여정에서 미국이나 유럽의 지명을 보아도 일반 독자는 어떠한 장소인지 대부분 지식이 없고 이미지가 잡히지 않았다. 또 후술하듯이 당시의 통신기술로는 발착(發着)에 대하여는 간단한 전보로 보도할 수밖에 없었다. 지금부터의 세계일주여행 기사를 관심을 가지고 읽기 위해서는 사전에 독자에게 지리적 예비지식과 세계일주의 공간적 상상력을 사전에 알려줄 필요가 있었던 것이다. 관광이 '잘 알고 있는 것의 발견'이라고 하면 사전에 잘 알아 놓기 위해 계몽이 필요했던 것이다.

여행회의 출발

3월 15일 세계일주여행회의 간사이그룹은 고베항을 출항하였다. 오사카아사히신문사는 오사카역전에 2채의 휴게소를 빌려서 역전은 배웅하는 사람의 산으로 메워졌다고 한다. 회원은 불꽃놀이 속을 특별히 증차한 특별 보기차(bogie car)[15] 1 · 2등실에 분승하여 고베까지 이동하

15) 차축이 자유로 방향을 바꿀 수 있도록 한 구조의 화물차.

였기 때문에 대단히 소란스러웠다. 축제가 벌어진 듯 시끄러운 고베항에는 오리엔탈 호텔에서 주악대를 보내왔다. 회원은 8척의 소증기선에 올라 앞바다에 계류한 몽고리아마루에 탑승했고, 60여 척의 작은 배에 탄 배웅인이 만세와 환호를 하며 몽고리아마루의 주위를 회유하는 가운데를 배는 출항했던 것이다.

3월 18일 요코하마 출발 당일은 이른 아침부터 아사히신문사가 히비야 공원에서부터 불꽃을 쏘아 올리며 분위기를 만들었고, 간토방면의 회원과 배웅인 약 300명이 신바시역을 출발했다. 요코하마에 도착하면 마차 등에 분승하여 휴게소에 다다라 샴페인이나 맥주로 송별연을 연 후 악대의 활기찬 주악을 배경으로 소증기선에 올라 몽고리아마루에 승선했다. 육상에는 화려한 여러 가지 불꽃이 쏘아져 축제 분위기였다. 만주한국순유선도 화려한 출항을 하였지만 그것에 모자람이 없을 정도의 송별 모습이었다. 세계일주여행이 되면 여행자 자신도 상당한 의욕을 보였을 것이고 친척 · 친구 등도 큰일이 아닐 수 없었을 것이다. 더욱이 주최하는 아사히신문사가 사원이나 신문판매점을 동원하여 크게 고조시키고자 한 것이었다. 또 회원이 상류계층이었기 때문에 『오사카아사히신문』·『도쿄아사히신문』 지면에는 회원의 환송인사 광고 등도 게재되었다.

여행 보도

여행회가 축제와 같은 소란스러움 속에서 출발하면 아사히신문사의 입장에서 어려운 문제는 여행의 모양을 어떻게 보도할까 하는 점이었다. 원거리 여행지로의 여행자의 모습을 일반 독자에 알릴 수 없으면 미디어 · 이벤트로서의 성립이 안 되는 것이었다. 이미 나가사키 · 상해의 해저전선에 의해 유럽대륙과 전신은 통하였고 전년인 1906년에 태평양의 해저전선이 부설되어 아메리카와의 전신도 통했기 때문에 전보의 이용은 가능했다. 아사히신문사는 사전에 신문, 전보의 준비를 하여 전보기사에 의한 발착이나 간단한 동정 등은 통신할 준비를 갖추었다. 그러나 상세한 여행기사는 전보로는 무리였다. 또 여행회 회원이 배나 기차에 탑승하고 있는 사이에는 전보도 사용할 수 없었다. 여행회에는 2인의 기자가 동행하고 있었지만 기사를 일본에 보내는 것은 상당히 어려웠던 것이다.

3월 18일 몽고리아마루의 요코하마 출항 후 여행회의 기사는 당분간 끊어졌다가 3월 29일의 동서『아사히신문』에「28일 호놀룰루 발전」으로 27일 하와이에 도착했다는 취지의 짧은 기사가 게재된 것이 제1보였다. 그 후 4월이 되어 샌프란시스코의 환영준비기사 등이 게재되고 간신히 4월 5일에「몽고리아마루가 보이다(샌프란시스코 3일 발전)」라고 하는 샌프란시스코 특파원의 전보기사가 실렸다. 이후는 발전부터 게재까지 2일 정도의 시간차가 있었지만 동행기자로부터의 전보기사가 수시로 게재되어 신문지면에서 세계일주의 진행 상태를 알 수 있게 되었다.

전보는 속보성은 있지만 간단한 기사이기 때문에 읽을거리로서의 재미는 부족하였다. 동행기자가 여행회의 모습을 생생하게 전하는 읽을거리 기사가 꼭 필요했다. 동행기자의 원고는 우편으로 보내졌고 스기무라 소진칸이 몽고리아마루의 항해 모습을 전한「타이헤이요닛기(太平洋日記)」의 1회가『도쿄아사히신문』에 게재된 것은 4월 13일이었다. 그 무렵 여행회는 이미 미국 샌프란시스코에 도착했고 모두 철도로 대륙을 횡단하여 보스턴을 보고 있었다. 그럼에도 불구하고 동행기자의 읽을거리 기사가 여행기사의 중심에 있었던 것은 변하지 않았다. 스기무라 소진칸은「타이헤이요닛기」·「베이코쿠닛기(米国日記)」·「다이세이요닛기(大西洋日記)」·「런던닛기(倫敦日記)」·「파리닛기(巴里日記)」·「이탈리아닛기(伊太利日記)」·「스위스닛기(瑞西日記)」·「도이치닛기(独逸日記)」·「로코쿠닛기(露国日記)」·「니혼카이닛기(日本海日記)」라는 기사를 보내 동서의『아사히신문』에 연재되었다. 또 스기무라 소진칸은 자신의 개인 여행기를 후에 정리하여『한큐

주유(半球周遊)』라는 제목으로 출판하였다(『楚人冠全集』 제2권에 수록). 또 한 명의 동행기자였던 쓰치야 다이무(土屋大夢)는 여행실무를 담당하여 여행 중 기사를 쓰지 않았던 것 같고 그의 서명을 넣은 기사는 지면에서 볼 수 없었다.

또한 당시의 신문은 사진이나 삽화를 다양하게 사용하고 있어 이향을 여행하는 여행회의 모습이나 해외의 풍경 등을 그림상으로 보도하는 것은 중요했다. 그러나 세계일주여행회는 비용이 드는 화가나 카메라맨을 동행시키지 않았다. 기자가 그렸다고 보여지는 몽고리아마루의 선내 정경의 스케치가 『도쿄아사히신문』에 게재되었지만 여행의 모습을 전했던 것은 주로 현지의 카메라맨이 촬영한 사진이었다. 다만 사진의 게재는 기사보다도 한층 더 늦어 예를 들면 호놀룰루의 회원기념사진이 게재된 것은 3주 정도 지난 4월 18일 이후였다.

독자는 2, 3일 늦은 전보기사로 여행의 진행상황을 알았고 그것보다 10일 정도 지나 현지에서의 명소모습이나 환영회의 모습 등의 기사를 읽을 수 있었다. 또 일주일이 지난 현지의 사진을 보게 되었던 것이다. 이러한 보도는 현재의 속보성에서 보면 간격이 먼 듯 느껴지지만 당시의 뉴스보도로서는 빠르고 다면적이었다. 아사히신문사로서는 상당한 힘을 넣은 보도체제를 취하고 있었던 것이다. 독자는 전보기사, 읽을거리 기사, 사진이라는 식으로 번갈아가면서 다중적으로 여행기사를 즐겼다고도 할 수 있다.

이야기와 실체험

이미 서술했듯이 주최측인 아사히신문사가 출발 전에 목표로 한 것은 '서양열강과 대등한 교제' 등이라는 러일전쟁 후의 제국확대의 이야기였다. 그러나 이향을 여행하는 과정에는 이미 가지고 있던 그러한 이야기의 틀에 맞지 않는 일을 체험하는 경우도 있었다. 이러한 체험에 의해 자기의 시선을 반성하는 일도 있었을 것이다. 세계일주여행회도 회원들이 실제로 어떠한 체험을 하였는가가 사전에 가졌던 '서양열강과의 대등한 교제'라는 이야기와 여행의 실체험이 어긋난 적이 있었는지 없었는지 그것이 역시 큰 문제였다.

그러나 여행자들의 실체험을 아는 것은 상당히 어려운 일이다. 동행기자의 여행기사는 풍부하게 있지만 신문사 주최의 이벤트를 보도하기 위해 파견된 기자는 이벤트를 고조시키기 위해서 기사를 쓰는 것이기 때문에 자기 기사의 형식을 재검토해야만 하는 '체험'에 대해서는 쓰기 어려웠다고 추정할 수 있다. 귀국 후 스기하라 에이자부로(杉原榮三郎), 가와다 테쓰야, 오쿠보 후지(大久保不二) 등의 회원이 아사히신문 기자와의 인터뷰를 통해 여행의 감상 등을 말하였고, 타카치호(高千穗)학교 교장인 가와다 테츠야는『오베이쥰유(歐美巡遊)』라는 여행기를 출판하였고, 노무라 토쿠시치(野村德七)의 견문은 자서전『쓰타카즈라(つたかづら)』와 전기『노무라 토쿠안(野村得庵)』에서 알 수 있다.

하지만 동행기자의 여행기 등은 한계가 있는 것은 확실하지만 기자들이 여행과 동시진행적으로 쓴 여행기사는 여행의 체험을 가장 생생하게 전하고 있다. 그렇기 때문에 기자들의 여행기의 해석을 통해 여행자들의 체험을 생각하고자 한다.

미국을 보다

여행자들은 앞에서 서술한 바와 같이 '보는' 것과 '보여지는' 것의 이중의 역할을 가지고 있지만 우선 보는 역할, 즉 서양의 무엇을 어떻게 보았는가를 살펴보도록 하자.

그들의 최초의 방문지는 미국이었다. 앞에서 서술했듯이 이 여행은 토마스 쿡사의 준비에 따른 것이기 때문에 방문하는 명승·명소나 숙박 호텔 등은 토마스 쿡사의 선택에 따른 것이라고 추정할 수 있다. 또 현지에서의 환영회 등도 토마스 쿡사와 일본의 외교기관의 활동에 의해서 행해졌던 것일 것이다.

여행회가 각지에서 방문한 곳은 이른바 정평이 난 명소·명승지였다. 샌프란시스코에서는 일류 호텔인 페어몬트 호텔에서 숙박하였고 시내의 일본인거리, 금문공원(金門公園: Golden Gate Park), 프레테시오 병영, 주립물산관(州立物産館)을 구경한 뒤, 페리로 오클랜드로 건너가 상업회의소를 방문하였다. 밤에는 재류일본인의 환영회에 참석하였다. 시카고에서는 시카고상업회의소의 회원이 일행을 200마일이나 멀리 떨어진 역까지 나와 맞이하는 등 열렬히 환영하였으며, 일행은 특별 열차로 역에 도착하여 바로 시내의 호텔에 들어가 만찬에 참석하였다. 다음날 아침부터 린그레서커스 관람, 우돈식육처리장(牛豚食肉處理場) 등 시내 중심을 구경하고 밤에는 현지 상업회의소 주최의 대환영회에 초대되었다. 이 파티에는 시카고상업회의소 회원 500명이 참석했을 정도로 큰 파티였다. 다음날은 백화점 등 시내 중심을 구경하였다. 시카고를 출발한 일행은 나이아가라 폭포를 구경하고, 보스턴으로 향해 하버드 대학과 독립전쟁의 옛 전장 등을 구경하였다. 그리고 기선에 올라타서 뉴욕을 지나 필라델피아에서 독립당시의 사적을 구경했다. 더욱이 이 열차로 워싱턴에 다다라 국회의사당, 국회도서관, 워싱턴기념탑, 링컨기념당 등 시내를 구경한 후 미국여행의 하이라이트가 된 루스벨트 대통령을 알현하였다.

루스벨트 대통령은 러일전쟁 강화의 중개자로서 일본에는 호감을 갖고 있었으며, 부부동반으로 화이트하우스의 블루룸에서 일행을 맞이하여 환영 인사 후에 여행회 회원 한 사람 한 사람과 악수를 하고 친밀하게 말을 주고받았다. 특히 여성 3인의 일본옷차림에는 감탄하였다고 한다. 일본의 한 신문사가 주최한 세계일주여행의 일행을 대통령이 특별히 접견했다고 하는 것 자체가 대단한 환대였다고 할 것이다.

아사히신문사는 무라야마 료헤이(村山龍平), 우에노 리이치(上野理一)의 명의로 즉시 감사의 전보를 대통령에게 보냈다.

영국을 보다

몽고리아마루를 상회하는 호화여객선 세도릿쿠마루에 올라 대서양을 건넌 일행은 5월 2일 리버풀항에 도착, 바로 런던으로 향하였다. 런던에서는 5월 13일 출발까지 12일 간의 여정 중에서 가장 오랫동안 머물렀으며 여행회는 런던이나 그 근교의 관광을 즐겼다. 우선 일행은 로이드 주보사를 방문하여 인쇄설비 등을 견학했다. 다음날부터 시내를 구경하고 돌아와 하이드 파크(Hyde Park), 트라팔가 광장(Trafalgar Square), 알버트 미술관(Victoria and Albert Museum), 세인트 폴 사원(St. Paul's Cathedral), 웨스트 민스터 사원(Westminster Abbey), 수정궁(Crystal Palace), 도크(dock), 여러 종류의 유기장(遊技場), 시청, 시회의사당, 윈저성(Windsor Castle), 이튼학교(Eton College), 국회의사당(Houses of Parliament), 대영박물관(The British Museum), 영불박람회(英佛博覽會), 버킹엄 궁전(Buckingham Palace), 그리고 노스클리프 남작(Viscount North'cliffe)[16]의 원유회 등을 견학하였다. 그 사이 쇼핑에도 충분한 시간을 쓰고 있었다.

노스클리프 남작의 원유회는 영국 체재의 하이라이트였다. 노스클리프는 영국에서 신문의 대중화를 실현시킨 신문경영자였다. 그는 1896년에 『Daily Mail』을 발간하여 독특하고 감각적인 편집방침으로 100만 부를 돌파한 신문 경영자였다. 1905년 남작이 된 뒤 1908년에는 고급지 『The Times』를 매수하고 대중지와 명망 있는 고급지를 소유한 신문경영자로서 성공을

16) 영국의 저널리스트로 『Answers to Correspondents』지를 창간(1888)한 이후 보수당의 기관지 『Daily Mail』을 창간(1896)하였다. 이를 통해 그는 신문의 대중화를 실현하였다는 평가를 받았다.

거두고 있었다. 정확히 이 시기는 노스클리프에게도 전성기였고, 그의 별장 삿톤 플레이스에서 열린 원유회에 여행회 일행이 초대되었던 것이다.

당일은 특별열차가 준비되어 세계일주회 멤버는 데일리 메일사 간부와 동승하여 길포드(Guildford)역에 도착하였는데, 역전에는 20여 대의 자동차와 마차가 나와 맞이하여 일행은 그것을 타고 별장에 도착하였다. 노스클리프 남작 부부가 일동을 공손하게 환대하고 접대하는 모습은 토마스 쿡사 사원도 혀를 내두를 정도였다고 한다.

유럽대륙을 보다

런던에서 파리로 들어가 4일간을 파리관광에 소비하였다. 에펠탑(Eiffel Tower), 노틀담 사원(Cathédrale Notre-Dame), 베르사유 궁전(Chateau de Versailles), 오페라와 파리의 명소를 구경하였다. 이 기간에는 당초 예정에 있지 않았지만 유럽문화의 중심지 중의 하나인 이탈리아를 여행하자는 이야기가 나왔고 토마스 쿡사와 상담한 후에 본대는 이탈리아로 여행하게 되었다. 또 평소부터의 계획인지 혹은 여행이 익숙해져서 갑작스럽게 생각이 난 것인지 모르겠으나 여행회의 멤버 중에는 본대와 일시적으로 헤어져 스스로 관심 있는 장소로 향하는 사람도 나와서 뉴욕에 머무는 그룹, 이탈리아를 생략하고 베를린으로 직행하는 사람, 파리에서 다시 런던으로 가는 사람 등이 있었다. 또 그 후 수 주간 파리에 체재하는 사람도 있었다.

이탈리아, 독일, 러시아 여행의 소개는 지면 관계상 할애되지 않았지만 일행은 모두 저명한 명소 · 사적을 급하게 보고 돌아왔다고 한다. 일단 헤어졌던 사람 중 수 명도 베를린에서 합류하여 시베리아를 경유, 쓰루가에 돌아왔던 것이다.

삿톤 플레이스의 원유회

베를린의 호텔 앞

〈그림 3〉 제1회 세계일주회

명소·명승 구경

세계일주여행회가 보고 돌아다닌 것은 이른바 명소 · 명승이었다. 또 호화호텔에 숙박하였고 기차, 기선도 상등급으로 탑승하였다. 대통령, 대신문 경영자를 비롯한 현지 실업가 등 주로 저명인들의 환영을 받았다. 아사히신문사 · 여행자는 이러한 여행을 기대하였고 토마스 쿡사는 기대에 부응하여 최상급의 여행을 제공하였던 것이다. 물론 여행회 회원은 실제로는 명소만 보았던 것은 아니다. 여행기에는 열차의 차창으로부터 보여지는 풍경, 이어진 도로의 거리에 상점과 집이 즐비하게 늘어선 모양, 숙박한 호텔, 쇼핑을 한 백화점 등 그들이 본 여러 가지의 것이 묘사되어 있다. 명소 외에 본 것이 이같이 한정된 것에 지나지 않는 것이 현재까지 계속된 가이드가 있는 단체관광여행의 통폐(通弊)가 아니라고도 할 수 없지만 그럼에도 불구하고 당시의 사람들에게는 놀랄 만한 견학이었던 것이다. 예를 들면 일행은 하와이의 호텔에서도 규모의 장대함에 놀라고, 대륙 최초의 숙박지였던 샌프란시스코의 호텔에서도 놀라며 다음과 같이 쓰고 있다.

팔레스 호텔회사에서 계속 경영한 페어몬트 호텔은 노트프언덕 위에 있는데, 한눈에 샌프란시스코 전 시내를 내려다 볼 수 있었다. 9층의 높은 빌딩으로서 구름을 뚫은 듯한 총 객실 512개를 소유한 샌프란시스코 제1의 대 여관(旅館)이다. 마차에서 내려 이곳에 들어가면 홀이 넓게 열려있어 여기저기에서 삼삼오오 의자에 앉아서 대화하는 남녀가 몇 쌍이 있는지 알 수도 없고 (벨보이에게-번역자) 인도되어 각자의 방으로 향하여 가는데, 몇 개소에 있는 엘리베이터(를 타면-번역자) 상하로 움직여서 어지럽다. 복도는 멀리 연결되어 아래쪽 큰길과 다르지 않다고 느낄 정도로 모두 멍해진 까닭이다(杉村楚人冠, 「米国日記」). 여행이 진행되면서 호텔에 대한 기술은 줄어들었지만 그럼에도 불구하고 장려한 대규모 호텔에 대한 놀람은 반복되고 있다. 일류호텔은 서양의 도시에도 특별하게 연출되어 있던 장소였지만 거기에서 상징되는 서양문화의 힘을 재차 통감하지 않을 수 없었던 것이다. 더욱이 호텔 이상의 서양문화를 단적으로 볼 수 있는 명소 · 명승도 보는 것이었다.

명소를 보는 눈

명소 · 명승을 보았다고 하는 것만 보면 만주한국여행도 같았다. 그러나 이미 앞장에서 서술했듯이 만주한국여행에서 일본인 여행자가 본 명소는 주로 청일전쟁 · 러일전쟁의 오래된 전장이었다. 그것들은 일본인에게는 의미가 있는 명소였다. 제국 일본의 확대라는 시선에서 만주한국을 보았던 것이었다.

세계일주여행에서도 샌프란시스코의 일본인 거리 등을 방문하였다. 당시 일본인 이민 배척운동이 일어나 일본인 이민은 어려운 상황에 놓여 미일간의 외교문제가 되고 있었다. 그러나 여행회 회원들은 미일관계의 긴장을 의식하고 있었지만 샌프란시스코 시내의 한 풍경으로서 일본인 거리를 바라보고 그 이상 발을 내딛는 태도는 보이지 않았다.

여행회가 차례로 본 미국 · 유럽 각지의 명소는 서양의 역사 · 문화 중에서 특별한 의미를 가진 명소였다. 그것은 그들도 충분히 알고 있었고, 실제 서양의 역사 · 문화의 문맥 중에서 생겨난 의미에서 명소를 보았던 것이다. 예를 들면 보스턴의 시내 구경에서는 "대체로 미국의 역사를 알고 있는 사람은 보스턴이 신영국 식민 이래의 오래된 역사를 가지고 있다는 것, 보스턴에는 순수한 당시의 필그림 자손이 거주하고 지금도 시민 중에는 영국청교도의 모습을 유지하는 사람이 있는 것, 보스턴은 상공업의 중심지이며 동시에 문예과학의 중심지인 것 등을 알아야만 했다. 실제로도 일단 보스턴에 들어가 거리를 오가는 사람들을 보면 번잡하고 화려함 속에서도 침착함을 볼 수 있고, 집안의 세간살이는 화려함을 피해 검소함 속에서 어디에도 없는 중후함을 찾을 수 있다(杉村楚人冠, 「米国日記」)"고 말하고 있다. 보스턴의 거리를 미국 건국의 역사의 문맥에 따라 바라보며, 그 역사에서 발생하여 자리잡은 풍정에 감탄하였던 것이다. 또 여정 중에는 링컨의 동상과 그랜트 장군의 묘에 가서 꽃바구니를 올리고 버킹엄 궁전에서는 국왕의 행렬에 만세 삼창을 외치는 등 미국·영국의 역사에 경의를 표하는 의례를 꼼꼼하게 실행하였다.

여기에서 보이는 것은 스스로의 역사문맥으로밖에 만주한국을 보지 않고, 그 땅의 역사를 거의 무시했던 만주한국여행의 시선과는 대조적인 시선이었다. 자기중심적인 시선에 대하여 타자내재적인 시선이라고도 할 수 있다. 러일전쟁 후 보는 주체가 된 일본인 여행자가 만주한국과 서양에 대해 이러한 대조적인 시선을 가지고 있는 것은 양쪽 모두 일본이 세계의 일등국, 문명국이 되었다고 하는 자부심에 기반하고 있었기 때문이다. 타자내재적이라고 해도 서양문명은 완전히 타자는 아니며 지금이야말로 문명국민이 된 일본인은 넓은 의미의 서양문명에 함께 속하고 있다는 의식이었다. 미개에 대해서는 문명국으로서 그 역사를 무시하면 충분하다. 반대로 서양의 역사는 같은 문명국으로서 내재적으로 이해하고 경의를 표하지 않으면 안 되었다. 일본인 여행자는 문명국민으로서 그러한 도리, 훈련된 시선을 가지고 서양을 보았던 것이다. 그것이 일본여행자가 생각한 대등하고 예의바른 시선이었다.

그러나 그 대등함은 의식적으로든 무의식적으로든 일본인측의 은밀한 노력을 거친 것이며 이러한 노력이 필요한 것 자체가 대등성이 충분히 성숙하지 않은 것이라고도 할 수 있다. 오히려 여행자는 서양에서의 견학에 의해 일본이 세계의 일등국의 반열에 올랐다고 하면서 아직도 서양과의 경제적·문화적 격차는 크다고 실감하였던 것으로 추정된다. 앞의 호텔의 장려함에 대한 놀라움은 그 일단이었다. 대등한 시선을 지향하려고 하면서 상대방의 우월성을 인정하지 않을 수 없었던 것이다. 그러나 그렇다고 해서 자신을 미개로까지 끌어내릴 필요는 없었다. 거기서 구해진 것이 서양측의 후한 대우였다. 서양의 일류인사가 여행회 일행을 이례적으로 후대하였다. 이것은 확실히 서양이 일본인 여행자의 시선에 응해 대등하게 간주해 준 증거였다. 그래서 그것은 여행자가 서양으로부터 보여진, 서양에 자신을 보였다고 하는 제2의 문제로 연결되어있다.

서양에 보여지다

– 서양에 대한 자기제시

'동물원의 원숭이 모양'

세계일주여행회는 서양을 봄과 동시에 서양에서 보여지는 것을 의식하고 서양에 '제국민의 진면목'을 보이는 것을 큰 사명으로 했다. 일본국민이 서양열강과 어깨를 나란히 하게 된 문명국민이라는 것을 보이려고 했던 것이다. 하지만 그 이면에는 "중류 이상의 사람조차 마치 동물원의 원숭이 같이 생각하는 것 같아 큰일이다(「寺內陸相談」, 『東京朝日新聞』 1월 16일)"라는 두려움조차 존재하고 있다.

출발 전부터 서양에서 자신들이 어떻게 보이는가를 우선적으로 과민하게까지 의식하고 있었던 것이다. 이러한 여행자들이 미국이나 유럽의 여행지에서 느낀 시선은 두 가지였다. 하나는 여행회 일행을 여러 견학지나 환영회 등에서 맞이해준 사람들의 시선이다. 그들은 여행회원의 신원 등을 알고 있었고 회원과 직접 말을 나눌 기회를 가지고 있었다. 또 하나는 이동 중이나 쇼핑할 때 회원들을 우연히 보는 사람들의 시선이었다. 현지

신문의 보도 등에서 회원들을 세계일주여행 중인 일본인 일행으로 알고 있는 사람도 있었지만 전혀 아무것도 모르는 채 눈에 띄어 쳐다보는 사람도 있었다.

스쳐지나가는 시선

우선 스쳐지나가는 사람들에게 보여지는 경험을 여행기는 어떻게 썼을까. 예를 들면 샌프란시스코에서 자동차 12대가 줄을 이어 금문공원 등을 견학하고 돌아오는 모습에 대해서 "일행의 기세가 등등하고, 손을 들어 박수를 치고 쾌재를 부르지 않는 사람이 없었다. 길을 오가는 백인, 흑인도 오늘 아침신문을 통해서 일행이 어떤 사람인가를 알고 있어서 12대의 차를 보고 또 보고 그 한 대라도 놓치지 않으려고 하였다. 그 모습은 일본에서도 이처럼 대규모의 세계일주대를 보낼 수 있을까를 의심하는 모습과 비슷하다. 우리 일주대가 일본의 무게감을 더한 일, 이것은 어느 정도일까?(「美國日記」, 『東京朝日新聞』 5월 6일)" 이 자동차 투어는 최초 여행이기도 하여서 상당히 인상 깊었던 것 같고 이후의 신문지상에는 12대의 자동차가 나란히 서있는 사진까지 게재되었다. 여행자들은 12대나 되는 자동차가 줄을 지어 시내를 구경하고 있는 자신들을 연도의 미국인은 감탄의 시선으로 보고 있다고 의기양양하고 있었던 것이다.

이처럼 자신들이 감탄의 눈으로 보였다는 체험은 여행기 중에서 여러 차례 언급되고 있다. 노스클리프 남작집의 방문에서도 "정거장에는 20여대의 마차, 자동차가 마중 나와 우리들을 태웠는데 연도에는 와서 보는 사람들이 매우 많았고, 모자와 손수건을 흔들고 환호를 하였다. 그중에는 일본의 국기를 높이 게양한 집도 있었다(「倫敦日記」)". 말할 필요도 없이 연도의 서양인이 진실로 감탄의 시선이었는지 아닌지는 알 수가 없다. 오히려 일본인 여행자의 졸부 같은 모습에 어이없어 했을지도 모르고 혹은 그저

신기한 구경거리로 쳐다보았을 뿐일지도 모른다. 그러나 서양 사람들은 적어도 표면적으로는 일본인 여행자에 대해 감탄하고 환영하는 태도를 가지고 있었던 것 같다.

호화로운 여행자들

일본인 여행자들은 자신들이 오가는 서양인들로부터 감탄의 눈으로 보여지고 있다고 생각하고 있었다. 그것은 자신들이 문명국민에 걸맞은 자기를 보여주고 있고 서양인과 동등하다는 것을 보여주고 있다고 자부하고 있었기 때문이다. 특히 서양의 기준에서 봐도 호화로운 여행객으로서 행동하고 있다는 의식을 강하게 가지고 있었다. 일등선실을 이용하고 호화호텔에 숙박하고 자동차, 마차로 줄지어 이동하는 자신들을 오가는 사람도 감탄하지 않을 리가 없다. 비싼 여행비용을 지불하고 호화관광여행객으로 그와 같이 행동한다고 하는 인상조작에 의해 서양인의 호의적 평가를 얻음과 동시에 내심으로는 '동물원의 원숭이 같다'고 생각되지 않을까라고 벌벌 떨고 있었고, 상처받기 쉬운 자신을 보호할 수 있었다라고 할 수 있다.

서양저명인의 직시

이것에 대해 환영회 등에서 여행회 일행을 환영한 서양의 저명인에게는 어떻게 보여졌다고 의식하고 있었을까. 앞에서도 말했듯이 여행회 일행은 각지에서 이례적일 정도의 환영을 받았다. 이러한 장소에서 일행은 미리 준비한 프록코트 등 정장으로 임하고 문명국민임을 보이려고 했다. 런던의 신문은 런던에 도착한 일행이 "이는 오늘날까지 영국을 방문한 최초의 일본인이다"라고 공언했다고 보도하였다(『東京朝日新

聞』 6월 18일자). 환영하는 측인 미국대통령, 시카고상업회의소 간부, 영국의 신문왕 등은 하나같이 최근의 일본의 발전을 칭찬하였으며, 세계일주까지 이룬 일본인 일행에 환영을 표하였다. 예를 들면 시카고상업회의소 주최 환영회에서는 회의소 대표자가 차례로 일어나 페리함대 이래 미국과 일본의 우호관계와 개국 후의 일본의 눈부신 발전을 칭송하고 "평화에 대해서도 전쟁에 대해서도 또 예의의 두터움에 대해서도 세계에서 유명한 국민의 대표자를 우리 시에서 환영한다"는 연설을 하였다.

이러한 대환영은 여행회 일행이 당초 가지고 있던 불안을 완화시키고 나아가서는 자존심을 만족시켜주는 것임은 틀림이 없다. 일본인 여행자는 '동물원의 원숭이 같다'고 보이기는커녕 서양의 저명인으로부터 극진한 대접을 받고 극찬을 받았던 것이다. 그러한 면에서 여행자들이 복장은 물론이고 행동거지, 식사예의에 이르기까지 부끄럽지 않도록 세심한 주의를 한 것을 쉽게 추측할 수 있다. 스기무라 소진칸은 런던의 신문기자에게 "일행이 영국인과 완전히 똑같이 식사를 하는 것은 처음부터의 희망이었고, 미국 체재 중에도 그들은 완전히 미국풍의 식탁에 앉아 (중략) 각 회원은 모두 서양의 제도, 풍속을 알려고 열심이었고 힘써 자국의 풍습을 교정하는 것에 주의하였다"라고 서술했다고 영국의 신문을 보도했다(『東京朝日新聞』 6월 18일). 서양저명인의 시선의 대상이 된 자기를 의식하고 서양의 규범을 내면화하여 규율 · 훈련된 자신을 서양인의 앞에서 연출해 보였던 것이다.

여행회의 자기제시

그것이 서양저명인의 호의적 평가를 이끌어낸 것이기 때문에 문명국민인 것을 보이려고 한 여행회원의 자기 제시는 성공했다고 느꼈고 안심도 했던 것이다. 『오사카아사히신문』은 시카고에서의 대환영이 보도된 후인 4월 17일에 「세계일주회의 성황」이라는 사설을 발표하고 일행이 미국 각지에서 환영받고 있는 사실을 가지고 이 계획이 성공했다고 논했다. 막 시작한 단계에서 이러한 사설을 게재한 것 자체가 아사히신문사가 서양에서의 대접에 불안을 가지면서 여행회를 출발시켰으나 미국 각지에서 여행회가 환영받는 모습에 안도했던 것을 엿볼 수 있는 것이다.

여행회의 안착

6월 21일 세계일주여행회 일행은 쓰루가에 무사히 도착했다. 다음날 22일 『도쿄아사히신문』 사설 「세계일주회원 귀착」은 대통령부터 "보지도 알지도 못하는 서양인까지 성의를 다하여 환영해 준 것과 같다"라고 일주회 일행이 서양 각지에서 대환영을 받고 또 회원이 많은 곳에서 크게 견문을 넓힌 것을 들어 세계일주회가 대성공이었다고 하였다. 이것은 주최 신문사의 자회자찬이라고도 할 수 있지만 참가회원은 만족스럽다고 하고, 서양의 여러 신문이 취급한 사회적 화제가 되어 그것이 일본 국내에도 영향을 미쳤으므로 확실히 이 시기의 미디어 · 이벤트로서는 성공이었던 것이다.

세계일주여행은 러일전쟁 후의 일류국 의식의 흐름에 편승한 일종의 모험여행이었다. 세계일주가 모험이었던 적도 있지만 토마스 쿡사의 알선이 있기 때문에 아사히신문사가 자기부담으로 조직한 만한여행보다 안심했을지도 모른다. 그것보다도 만한여행만큼 방만한 일류국가의식을 떨치지 못하고 경우에 따라서는 서양 사람들의 냉랭한 시선에 의해 여행자들의 자존심이 손상되어 여행의 기획의도가 좌절해 버릴 위험성이 있었다. 이러한 의미에서 모험이었던 것이다.

아사히신문사는 '서양열강과 대등한 교제'를 하는 세계일주로 의의를 부여하였고, 이 여행이 서양을 봄과 동시에 서양에 보여지는 체험, 혹은 서양에 자신을 보이는 체험이라는 점을 강조하였다.

서양에서 보여지는 객체였던 일본이 신흥제국으로서 서양과 대등한 관계를 가지려는 과정으로 계획된 여행의 참가자는 '보다', '보여지다', '보이다'라는 다중적 관계를 의식한 긴장된 각오로 나가는 것을 요청받았던 것이다.

그러나 나가서보면 토마스 쿡사나 아사히신문사가 사전 준비를 했기 때문인지 서양 각지에서 극진한 환영을 받았다. 사전에 걱정하였던 '대등' 의식이 상처받은 일은 없었다. 거기에는 여행자들이 문명의 예절을 몸에 익혀 자신을 제시한 것이 크게 작용하였다. 또 맞이하는 측이 진객으로 보았는지 혹은 외교적인 인사였는지는 모르나 여행자들에게 관대했던 것이다.

최초의 세계일주여행은 주최 신문사, 여행 참가자, 그들의 여행하는 모습을 신문기사로 읽는 많은 독자에게 자신감을 주었다. 일본은 서양 열강과 어깨를 나란히 하는 일류국으로 뻗어 나갔다. 일본인은 서양인과 대등한 교제를 행할 수 있었고 서양 열강도 그것을 인정해 주었다고 의식했던 것이다. 그것은 해외여행이라는 수준에서 일본의 국제적 지위의 상승을 달성했다고 말할 수 있다. 이러한 의식은 그 후 대외의식을 방향짓게 될 것이다.

그러나 한층 더 여행기를 읽으면 아사히신문사, 참가자 모두 세계일주여행에 만족하고 자신을 되돌아보면서도 그 마음 깊숙한 곳에는 여전히 열등감이 존재하고 있던 것이 엿보인다. 그것은 서양 열강이 대환영해주었다고는 해도 그것은 일종의 의례에 지나지 않고 진심으로 인정해주었다고는 말할 수 없는 것이 아닌가, 혹은 의례라 하더라도 환영의 태도를 보여주는 것은 일류국으로서 한층 더 높은 여유는 아닐까라는 열등감 · 불안감이었다. 4월 30일자 『오사카아사히신문』 사설 「외객에 대해」는 여행회에 대한 미국의 후한 대접에 대해 "이것이 일등국의 실력이다. 일등국의 예의을 표현하는 것. 이에 반하여 나라는 쇠약하고 국민은 보잘 것 없는 미개국 사람은 왕왕 외객에 대하여 거만한 자가 있다. 일본은 지금 문명의 어느 단계에 해당할까"라는 일등국의 여유에서 생기는 후한 대접과 미개국의 '거만'을 양극에 두고 일본의 위치를 논하고 있다. 일등국과 대등 관계로 뻗어 오르는 것을 지향하면서 어딘가 어중간하게 되어버린 일본의 모습은 외국인 관광객을 받아들이는 방법, 나아가 다음의 일본인이 해외여행으로 이어져 가는 것이다.

관광객에게 보이는 일본,
보여주는 일본

4

제1회 미국인 관광단의 일본 방문

열렬한 환영

아사히신문사가 주최한 세계일주여행이 대대적으로 이루어진 다음 해인 1909년(명치 42) 12월부터 다음 해인 1910년 1월에 걸쳐 이번에는 미국인을 중심으로 약 650명이나 되는 관광단이 일본을 방문했다. 관광단을 태운 여객선 클리프랜드호는 18,000톤의 호화여객선으로 10월 16일에 뉴욕을 출항하여 이탈리아, 키프로스, 인도, 싱가폴, 홍콩을 경유하여 일본에 도착했다. 12월 30일에 나가사키에 입항하였고, 그 후 고베에 기항, 1월 6일 요코하마 항에 들어갔다.

그때까지 서양에서 많은 관광객이 일본에 왔지만 이 정도의 대규모 단체는 거의 전례가 없어 각 신문사는 빠짐없이 매일 대대적으로 보도하는 등 미국인 관광단의 동정은 커다란 사회적 관심이 되었다.

나가사키 · 고베 · 오사카 · 교토 · 요코하마 · 도쿄 · 닛코 등 각지를 둘러본 관광단 일행은 어디에서든 열렬하게 대환영을 받았다. 최초의 입항지

였던 나가사키에서는 나가사키 시민이 "운집한 초롱불은 그 수가 몇 천만인지 알 수 없다. 초롱불이 일제히 항구 내의 클리프랜드호를 향하여 흔들거리며 움직였을 때는 클리프랜드호 갑판 위에 관광객 전원이 모두 나와 크게 환호"하였다. 상륙한 관광객 가운데는 "나가사키의 명물인 전골(すき焼き) 식당에 들어가 속성 일본통임을 자랑하는 자, 후키로(富貴樓) 등에 들어가 기생춤을 보고 실없이 좋아하는 자도 있었다. 나가사키의 요지는 밤새 관광객들로 밝은" 상태였다고 한다. 미국인 관광단 일행도 대환영해주는 모습에 들떠 즐겁게 떠들었던 것 같다. "나가사키시 이르는 곳마다 소학생은 누구의 명령도 없이 일행을 보면 반드시 손을 들고 열심히 만세를 외치는" 모습이었는데, 나가사키 시민도 상당히 흥분한 상태였던 것 같다.

고베에 도착한 관광객은 몇 개의 그룹으로 나뉘어 오사카, 교토를 구경했다. 한 그룹은 특별열차로 오사카로 가서 오사카 성을 보고 다시 특급열차로 교토로 가서 미야코(都)호텔, 교토호텔에 나누어 숙박하였다. 각 호텔에서는 '게이샤 걸'의 춤 등을 접대받았다. 다음 날은 호텔을 방문한 교토시의 시장 대리로부터 환영 인사를 받은 후 인력거 등으로 시내의 명소를 둘러보았는데, "작은 성조기를 장식한 400대의 인력거가 시내 각지를 돌아다녔으며 이르는 곳마다 만세 소리로 가득 찼다(『時事新報』 1월 4일)"고 보도되었다. 교토도 축제 분위기로 관광단을 대환영했다. 일행은 도쿄에서 일부러 출장 온 궁내성 직원의 안내로 교토고쇼(京都御所)를 구경하고, 또 니조성(二條城)을 본 후 시내의 골동품상, 고미술상 등에서 쇼핑을 즐겼다.

나가사키 · 고베 · 오사카 · 교토의 고조된 분위기가 전해지자 요코하마 · 도쿄도 가만히 있을 수 없었다. 『도쿄아사히신문』 1월 4일자 신문은 그때까지 환영준비를 하지 않았던 요코하마에서 서둘러 구체안을 마련하게 되었다고 보도했다. 『지지신보』에 의하면 철도원(鐵道院)은 요코하마 ·

닛코 간에 임시열차를 운행하고, 그 차량 입구에는 푸른 잎, 난덴(南天)[17] 및 생화로 작은 아치를 만들어 걸고, 실내는 오색 리본으로 장식하기로 하였다. 또 긴자 미키모토(御木本) 상점은 일루미네이션으로 장식된 아치를 만들어 환영의 뜻을 표하기로 했다고 한다.

도쿄·닛코 구경

서일본에서의 앞의 분위기를 이어 각 신문사의 취재 경쟁열도 높아졌다. 『도쿄아사히신문』, 『지지신보』 등이 고베 항에서부터 기자를 클리프랜드호에 동승시켜 요코하마까지 항해 중인 관광단 일행을 취재하였고, 도쿄아사히신문사는 작은 기선을 빌려 혼모쿠(本牧) 갑곶에서 요코하마 항에 접근한 클리프랜드호를 앞 바다에서 맞이하여 작은 기선에서 옮겨 탄 기자가 각 신문사를 물리치고 가장 빠른 취재를 하였다.

요코하마에 상륙한 일행은 오타니 키헤에(大谷嘉兵衛) 요코하마상업회의소 회장 등의 환영을 받은 후 몇 개의 그룹으로 나뉘어 도쿄, 닛코, 가마쿠라(鎌倉)로 출발했다. 13일에 출항할 때까지 관광객은 각기 순서를 조정하여 도쿄에서는 아사쿠사(淺草), 요시와라(吉原),[18] 시바 조조지(芝增上寺), 야스쿠니(靖國)신사, 니주바시(二重橋), 닛코 도조궁(東照宮), 가마쿠라 대불(大佛) 등의 명소를 한 바퀴 둘러보았다.

각지에서 환영 인파가 일행을 맞이하였다. 예를 들면 닛코로 향하는 102명에게는 도치키현 지사 이하 수백 명이 각자 초롱불을 손에 들고 우쓰노미야역까지 배웅을 나와 열차가 역에 도착하자 만세를 부르며 환호하였다. 닛코마치(日光町)에서는 역 앞에 미일 국기를 교차시킨 아치를 만들었고,

17) 매자나무과에 속하는 상록관목.
18) 에도시대부터 도쿄 다이토구(臺東區)에 있었던 유곽가.

또 집집마다 환영의 뜻을 표하기 위해 국기를 달았으므로 마을 전체가 화려해졌다. 더구나 일행을 태운 열차가 닛코 역에 도착하자마자 폭죽을 터뜨려 마을 전체에 알리는 등 소란스러웠다(『時事新報』 1월 8일).

환영 이벤트

각지를 구경하는 것 이외에 여러 가지 환영 이벤트가 준비되었다. 일부 그룹은 1월 8일에 아오야마(青山) 연병장에서 행해진 메이지 천황의 관병식에 초대되어 특별석에서 구경했다. 천황이 돌아간 후 사관학교 교관이 관광단의 질문에 답했다고 하는데, 궁내성 · 육군으로서는 이례적인 대우였다.

그 전날인 7일에는 오쿠마 시게노부(大隅重信)가 자택의 원유회에 일행을 초대했다. 오쿠마 저택의 정원에는 큰 천막 아래에서 입식 파티가 준비되어 오쿠마 시게노부는 여느 때와 마찬가지로 긴 연설을 하였고, 관광 대표 그룹이 답례 인사를 하는 세리머니가 있었다. 그 후 가구라(神樂)[19]와 검무가 펼쳐졌고, 군악대가 연주하는 등 매우 버라이어티하고 떠들썩한 파티였다.

또 1월 8일에는 도쿄시 유지가 주최하는 환영회가 유라쿠쵸(有樂町)에서 열렸다. 이 환영회에서는 먼저 오자키 유키오(尾崎行雄) 도쿄시장이 영어로 환영 인사를 한 후 이어 시부자와 에이이치(涉澤榮一)가 일본어로 환영 인사를 하고, 클라크가 진정어린 환영에 감사한다는 말로 답했다.

행사 후에는 제국극장 부속의 기예학교 학생들에 의한 공연이 있었다. 먼저 구 다이묘(舊大名) 집안의 혼례식이 상연되었고, 연이어 '마사카도노오도리(將門の踊り)'가 있었는데, 이것은 '사무라이의 연극'이라는 것 때문

19) 신에게 제사지낼 때 연주하는 음악.

에 관광단이 마음에 들어 했다고 한다. 그 다음은 무용수 10명이 겐록(元祿) 꽃구경이라는 춤을 공연하였는데 무대 가득히 천정에 매단 벚꽃 사이로 미일 국기를 꽂은 것이 큰 갈채를 받았고, 마지막으로 무용수 일동이 부채를 쫙 펼치자 미일 국기 모양이 되었다.

이상으로 휴식 시간이 되었다. 정원에는 천막 아래에 응접실이 설치되어 시부사와 부인을 비롯한 귀부인들이 손님을 접대했다. 휴식 후에 무대에서 '후타오모테(二面)'라는 희극이 상연되었으나 많은 내빈이 돌아가 버려 수십 명밖에 남아있지 않았다고 한다. 주최자는 여러 가지로 많은 공연을 준비하였지만 스케줄에 쫓긴 관광객은 마음 편하게 즐길 시간이 없었던 것이다.

보이는 것과 보여주는 것

이 정도로 대환영하는 소동으로 확대된 것은 대규모 관광단의 일본 방문이 거의 없었고, 일본인 측에서도 미국인 관광객이 대단히 신기했기 때문이었다.

그러나 그뿐만이 아니었다. 당시 일본과 미국의 관계는 캘리포니아주의 일본계 이민 배척문제, 미국 등의 만주 문호 개방 요구 문제 등으로 상당히 긴장되어 있었다. 미국이나 유럽 제국의 일부에서는 미일 개전설조차 소문이 났을 정도였다. 도쿄시민 유지의 환영회에서도 미일 개전설이 화제가 되어 관광단 대표 클라크가 '신문지상 여기저기에서 보이는 미일 개전설의 황당무계함을 비웃으며 재삼 감사의 뜻'을 전했다. 관광단이 귀국한 후인 3월 9일 『지지신보』는 사설에서 미일 개전설을 또 다시 부정하고 일본과 미국의 우호적 관계를 주장했다. 이러한 정세였으므로 일본의 신문 등은 미국과의 관계에 신경을 써 우호적인 태도를 보이려고 했던 것이다.

그러나 이러한 직접적인 환영 동기의 근저에는 미국인 관광객에게 일본이 서양과 같은 문명국임을 보이고자 한 의식이 일본 측에 강하게 존재했다고 생각된다. 말할 필요도 없이 외국인 관광객이 방문한다는 것은 일본이 외국인에게 보여진다는 것이다. 이 시기에는 수동적으로 보이는 입장에 만족한 것이 아니라 적극적으로 자기를 보여주려는 의식이 강해진 것이다. 그것은 앞의 세계일주회가 서양을 보는 것과 동시에 서양에 문명국인 일본을 보여주려고 한 성격을 지니고 있었던 것과 통한다. 서양과 동등한 문명국이 되었다고 자부하는 일본으로서는 그것을 서양에게 승인받아 한층 더 깊게 확신하고 싶었던 것이다.

전년도의 세계일주회의 여행에서 『오사카아사히신문』은 사설을 통하여 미국의 대환영하는 모습이야말로 "일등국의 실력이고, 일등국의 예의를 표현한 것이다. 이에 반하여 나라는 쇠약하고 국민이 적은 미개국 사람은 왕왕 외국 손님에 대해 거만한 바가 있다. 일본은 지금 어느 구역에 있는가"라고 논하였는데(1908년 4월 30일자), 바야흐로 미국관광단을 맞이하여 이 말대로 일등국인지, "나라는 쇠약하고 국민이 적은 미개국 사람"인지를 실험 받는 바가 되었고, 미국관광단을 대환영하는 것은 일본이 문명국이라는 하나의 증거가 되었던 것이다.

문명국의 연출과 영합

문명국민으로서 환영한다는 것이 되려면 당연히 그 환영도 문명국답게 문명의 규범에 따르지 않으면 안 되었다. 그것은 각종 연출이 필요하였다. 전술한 것과 같이 특별열차를 준비하였고, 아치를 만들어 양국 국기를 장식하였고, 또 환영회 · 원유회 개최와 같은 환영이 준비되었다. 그것은 세계일주회가 서양에서 받은 환영과 같은 스타일이었으며, 문명국의 규범이었다. 그 환영은 하나의 연출 본부와 같은 것이 있어서 진행된 것은 아니지만 미국인 관광객에 대해 동등한 문명국답게 환영하려고 한 의식이 공유되어 있었던 결과일 것이다.

그러나 환영 스타일은 서양식이었음에도 불구하고 관광단을 환영한 공연에서는 '게이샤 걸'의 춤 혹은 가구라나 검무가 공연되었다. 이러한 것을 자랑할 수 있는 일본의 전통 예능이라고 생각하여 미국인에게 보였던 것일까.

공연뿐만 아니라 관광객을 안내한 곳도 닛코나 가마쿠라와 같은 전통적인 일본 문화의 명소였고, 또 도쿄 시내에서도 아사쿠사, 시바 조조지, 요시하라, 야스쿠니신사, 니주바시 등이었다. 물론 그러한 장소는 일본인에게도 잘 알려진 명소·명승지였기 때문에 미국인 관광객을 안내한 것이 이상하지는 않다. 그러나 일본이 문명국인 것을 보여주는 것이 대환영의 목적이었다고 한다면 예전의 만한순유선의 여행자가 조선소나 제철소를 견학한 것처럼 문명국 일본이 자랑하는 최신 공장을 보여줄 수도 있었을 것이다.

그러나 그렇게 하지 않았다. 그러한 장소를 견학하는 것이 미국인 관광객이 기대하는 바가 아님을 일본 측은 알고 있었던 것이다. 도조궁 등의 역사적인 문화의 바탕에서 현재 문명국으로서의 일본이 존재한다는 것을 보여주려고 한 양면 제시로 말할 수도 있지만 무엇보다도 미국인 관광객의 일본 취향에 영합한 것이었다. 서양인이 일본에서 보고 싶은 것은 '게이샤 걸'이었고, 기묘한 검무였고, 예스러운 사찰과 신사의 불당일 것으로 생각하고 적극적으로 그러한 일본을 보여주려고 하였다. 나아가 미국인 관광객이 많은 호기심을 보일 것 같은 요시와라까지 일부러 안내하여 그 풍속을 구경시켰던 것이다.

그것은 미국인 관광객이 지닌 "오리엔트를 지배하고 재구성하고 위압하기 위한 서양의 양식"인 '오리엔탈리즘(E·W·サイード, 『オリエンタリズム』)'의 시선을 앞질러 영합한 것이라고도 말할 수 있을 것이다. 일본 스스

로 동양의 기이한 풍속을 연출하고 보여준 것이다. 비굴하다고도 볼 수 있는 오리엔탈리즘과의 영합은 문명국인 일본을 보여주려고 한 의식과는 완전히 모순되는 의식이다. 그러나 서양에 대해서 그러한 모순된 두 개의 의식을 품고 있었던 것이 후발제국주의 일본의 상황이었다.

창피한 호텔

이 모순된 의식은 일본이 서양의 수준에 도달해 있지 않은 부분에 대해 과민함과 수치 의식을 불러일으켰다. 클리프랜드호가 요코하마에 입항한 당일인 1월 6일 『도쿄아사히신문』은 '대 관광단 오다'라는 제목의 사설을 발표하여 관광단에게 환영의 뜻을 표하였는데, 관광단의 일정 등이 옹색해질 수밖에 없는 이유는 "도쿄, 기타 지방의 여관이 충분하지 못하여 일본의 문명 수준에서 말한다면 대단히 창피한 일이다"라고 개탄했다. 그리고 당시 개최 일자를 연기할 것인가 아닌가로 옥신각신 하고 있던 1917년의 대박람회 개최 계획 등과 얽혀 서양 관광객을 받아들일 수 있는 숙박시설의 정비 필요성을 주장했다.

관광단 일행은 도쿄에서는 데이고쿠(帝国)호텔, 메트로폴호텔, 닛코에서는 가나야(金谷)호텔, 닛코호텔 등 당시로서는 서양인 취향의 설비를 갖추었다고 하는 호텔에서 묵었는데, 그러한 호텔 수는 한정되어 있어 관광단 규모로 볼 때 부족했다. 관광단이 몇 개의 그룹으로 나뉘어 각자 도쿄 구경, 닛코 구경의 일정을 늦춘 것은 관광단 전원이 묵을 수 있는 숙박시설이 없었기 때문이었다.

1907년(명치 40)에 발행한 『말레이일본안내기(マレー日本案內記)』 제8판에 게재된 도쿄의 호텔은 데이고쿠호텔과 메트로폴호텔 두 군데뿐이었고, 요코하마는 그랜드호텔 이하 7개, 오사카는 오사카호텔과 니혼호텔 두 개가 있었다(『日本ホテル業事』). 덧붙여 데이고쿠호텔은 지금도 건재하지만

메트로폴호텔은 1889년(명치 22)에 원래 미국 공사관이었던 건물을 매수해 개업했던 호텔로 쓰키지(築地)의 구 거류지에 있었다. 영업부진으로 1907년에 데이고쿠호텔에 매수되었고, 1909년에는 성수기에만 영업을 하게 되었다.

『도쿄아사히신문』으로서는 전년도의 세계일주회에서 서양의 호화 대규모 호텔에 경탄한 경험이 있는 만큼 일본 숙박 시설의 빈약함을 역설한 것이 무리도 아닌 상황이었다. 다만 그것을 '일본 문명의 수준'의 문제로 환원하여 논한 것에서 '문명국'으로 보여질지 아닐지에 대해 민감해져 있는 의식을 살필 수 있다. 미국인 관광단이 제대로 된 호텔조차 없는 일본을 업신여겨 보고 있는 것은 아닐까라고 상상하고 문명국의 체면을 지키지 못한 일본이 창피한 것이었다. 이처럼 서양인 관광객의 시선 끝에 있는 일본을 상상하고 수치를 느끼는 의식은 그 후 서양 관광객과의 관계에서 한층 예민해져 갔다.

제2회 미국인 관광단의 일본 방문과 문명국의 수치

제국 수도의 체면

미국인 관광단 일행은 1월 13일에 요코하마 항을 출항하여 관광여행을 무사히 마쳤다. 적어도 미국인들도 일본의 아름다운 경치를 칭찬하였고 일본인의 극진한 환영에 만족을 표명했다. 당시 보도된 바로는 이후 이와 같은 미국인 단체 관광단의 일본 방문이 연 2회 정도 계획되어 있어 클리프랜드호는 2월에 또 다시 미국인 관광객을 태우고 일본을 방문할 것으로 전해졌다. 또 이즈음 클리프랜드호 정도의 대규모는 아닐지라도 몇 번인가 미국인 관광객 일행의 일본 방문이 뚜렷하게 보였다.

이러한 움직임은 서양 관광단을 맞이하는 일본의 현상에 대한 논의를 촉진하게 되었다. 『지지신보』 1월 19일자에는 막 귀국한 제1회 미국인 관광단 환영에 대해 반성하고 「제국의 체면」이라는 제목으로 다음과 같은 사설을 게재했다. "외국인이 종래 일본을 세계의 무릉도원, 일종의 신비한 나라로 평가한 것은 옛날 일"이고, 현재는 러일전쟁의 승리로 인하여 오히려 일본을 과대평가하는 경향조차 있다. 그러나 일본의 실태를 접해 보고 실망하는 자가 적지 않다. 왜냐하면 "우리나라의 물질적인 발달이 거의 그들의 제2류 혹은 제3류국에도 미치지 못하는 바가 많은 것은 논쟁할 필요가 없는 사실이고, 서양인이 우리나라에 건너 와 국민생활의 실태를 목격하고는 일본문화의 수준을 자국과 비교하여 그 수준이 너무 낮은 것에 놀라지 않는 자가 없지 않기" 때문이다. 그런데 서양 관광객이 환영석상 인사에서는 항시 반드시 일본을 예찬하는 것이 관례였다. 그러나 "이 아부를 외국인이 진실로 마음으로부터 우리나라의 자연과 인위적인 것에 대해 감탄하고 있는 것으로 가볍게 믿으면 이것이야말로 큰 잘못"이라고 경계하고, 오히려 미국인 관광객 등은 내심으로는 일본의 변변치 않은 실태를 경멸하고 있다고 경고했다.

그리고 당면 문제로써 '제국의 체면'을 정리할 필요를 호소했다. 『지지신보』가 말한 '제국의 체면'이란 비가 조금이라도 내리면 진창이 되고 마는 도쿄의 도로 사정을 개선하는 것이었다. "이번 미국 관광단이 도쿄에 체재한 날이 적고 급하게 도쿄를 떠난 것이야말로 무엇보다도 다행"이었는데, 만약 도쿄 체재일이 길어지고 오랫동안 비가 내리기라도 했다면 큰 수치를 당했을 것이다. "당당한 일등국 제국 수도로 이와 같은 상황으로서는 어쨌든 닛코의 아름다움과 후지산(富士山)의 수려함도 그들의 기억에서 사라져 오직 도쿄에서의 불쾌감만이 오랫동안 여행 중의 이야깃거리로 전해지고" 말 것이었다. 이와 같은 열악한 거리 사정은 "서양의 거리에서는 결코 볼 수 없는 것으로 발칸반도와 같은 신개화국에서 어쩌다 볼 수 있을 뿐"이라고 한다.

『지지신보』의 언설은 앞서 인용한 서양 수준의 호텔이 부족한 현상을 "일본의 문명 수준에서 말하자면 대단히 창피스러운 일"이라고 주장한 『도쿄아사히신문』의 사설과 명확하게 궤도를 같이하고 있다. 러일전쟁의 승리로 드디어 일등국의 반열에 들게 되었음에도 불구하고 호텔이나 거리가 열등하고 불결하고, 일본이 열등시하는 만주, 한국이나 "발칸반도와 같은 신개화국"과 비슷한 것을 서양 관광객에게 보여 수치스러웠던 것이다. 더욱이 실제로 서양관광객이 일본을 공공연하게 경멸하는 발언을 한 것은 아니다. 역으로 간살맞게 대하고 있지만 실은 내심으로는 경멸하는 눈으로 보고 있을 것이다라고 상상하고 수치스러워 하는 것이다. 거기에서 서양으로부터 '일본인은 1등국'이라고 인정받고 싶다는 일본인의 굴절된 의식이 나타나고 있는 것이다.

제2회 미국인 관광객의 일본 방문

제1회 미국인 관광객의 일본 방문으로부터 약 1개월 후인 2월 26일 두 번째의 미국인 관광객 약 750명을 태운 클리프랜드호가 요코하마에 입항했다. 이번에는 샌프란시스코에서 태평양을 건너 직접 일본에 왔다.

일행은 지난번을 능가하는 대환영을 받았고, 각 신문사는 관광단의 동정에 대해 연일 크게 보도했다. 예를 들면 『고쿠민신문』은 사회면 톱으로 미일국기를 펼친 일러스트를 넣어 '웰컴'이라는 제목을 관광단이 일본에 머무르는 동안 매일 게재했다. 미국인 관광단의 일본 방문은 또 다시 사람들의 화제가 되어 사회적인 큰 사건이 되었던 것이다.

요코하마항에서는 오타니 카헤에 회장 이하 요코하마상업회의소의 주요 임원이 관광단 일행을 맞이하였고, 오타니 회장이 "우리의 이웃으로, 우리의 친우로 환영"한다는 인사를 하고, 기념 메달과 영문으로 된 일본 안내서를 증정했다. 이에 대해 관광단 대표가 감사 인사를 한 후 일행은 몇 개의 그룹으로 나뉘어 도쿄, 요코하마, 가마쿠라, 닛코 등을 구경하기 위해 출발했다.

일행을 맞이하기 위한 신바시역의 준비에 대해 『지지신보』는 다음과 같이 자세히 보도했다. "신바시역 광장에서는 돛대 끝에 큰 만두형의 푸른 잎이 있는 두 그루의 삼나무를 심어 좌우 기둥으로 삼고, 기둥 중간 부분에서 좌우 세 개의 버팀대는 모두 삼나무의 푸른 잎으로 감쌌다. 그 중앙에는 푸른 잎의 액자를 붙인 뒤가 비치는 큰 현판을 걸고, 가운데는 미국기의 별모양이 있는 금색지에 웰컴이라는 문자를 드러낸 청초한 환영문을 중심으로 하여 문 주위로부터 광장 전면에는 미일의 큰 국기 혹은 만국기를 장식하여 대단히 미관이 뛰어났다. 이리하여 오전 9시가 지나자 진귀한 손님을 맞이하려는 듯 모여든 300여 대의 인력거는 홍백의 작은 깃발을 붙이고 역 앞에 열을 지어 있었는데 거의 역 광장을 채웠다"고 한다. 개선 병사라도 맞이하는 것 같은 광경이었다.

일행이 구경한 것은 제1회와 거의 마찬가지로 시바 조조시의 신전, 닛코의 도조궁, 하세(長谷)의 대불상, 에노시마(江之島) 등이었다. 그 중에는 도쿄의 빈민굴을 보고 싶다는 말을 꺼낸 자도 있어 안내인을 곤란하게 했다고 한다. 일본 측도 1월과 마찬가지로 가능한 서비스를 다했다.

2월 28일 오후에 유라쿠쵸에서 도쿄시가 주최한 환영회에서는 도쿄시청의 오자키 유키오 시장 이하 보좌관 등의 간부 일동, 그리고 상업회의소에서는 시부자와 에이이치 회장 이하 오하시 신타로(大橋新太郎) 등 임원과 같은 도쿄시의 저명인사가 모두 모여 출석했다. 가장 먼저 오자키 시장, 시부사와 회장의 인사, 클라크 단장의 답사 등이 있었고, 음악대의 미국 국가에 이어 기미가요(君が代)를 연주하여 환영식이 끝났다. 그 후 공연이 시작되어 또 구 다이묘의 혼례식이 상연되었다. 『지지신보』 기자가 미국인에게 감상을 들은 바로는 "아름답고 조용한, 뭐랄까 신랑 신부가 너무 조용하여 행복한 혼례처럼 보이지 않았다. 서양이라면 매우 떠들썩하게 해야만 할 것이다"라고 답변했다고 한다. 이어서 상연된 '무스메고노미다테조

메코소데(娘好伊達染小袖)'라는 춤은 아사쿠사 관음이 벚꽃으로 낭만적인 분위기를 배경으로 삼은 것이 미국 관광객을 즐겁게 하였다. 야리오도리 하나(槍踊花) 부분은 서양 댄스와 비슷하다고 하여 크게 기뻐하였다. 공연 후에 오바시 신타로 부인 등이 다실에서 대접했다. 도쿄시가 주최한 환영회는 지난번과 거의 같았으나 확실하게 미국인 취향의 공연을 연출하여 보여주었다.

신문사 주최 환영회

도쿄시가 주최한 환영회가 개최된 같은 날 밤, 데이고쿠호텔에서는 고쿠민신문사, 호치신문사, 도쿄아사히신문사, 지지신보사, 애드버타이저사(アドバタイザー社), 재팬타임즈사와 같은 도쿄의 유력 신문사가 주최한 환영회가 열렸다. 각 신문사는 제1회, 제2회의 미국인 관광단의 일본 방문을 연일 자세하게 보도해 왔는데, 굳이 환영회까지 주최했다는 것은 미국인 관광단에 대해 보통 이상으로 신경을 썼다는 것을 알 수 있다.

초대받은 사람은 관광단원 약 400명, 영국, 독일, 프랑스, 미국, 이탈리아 등 15개국 외교관과 그 부인, 딸 등 약 190명, 도쿄의 신사·숙녀 약 100명이었다. 환영회장인 데이고쿠호텔의 입구는 벚꽃 조화로 장식되었고, 접대실 입구에서는 미노우라 카쓴도(箕浦勝人) 호치신문사 사장과 호텔지배인의 부인이 나란히 맞이했다. 접대실에서는 일본화가 두 명이 그 자리에서 그림을 그려 만든 그림엽서를 손님에게 나누어 주었다. 대연회장은 데이고쿠호텔을 새롭게 신축한 것으로 이번 야회(夜會)로 대연회장이 처음으로 개장되었다. 주위의 벽에는 벚꽃이 가득히 그려져 있고 천정에는 무수한 전등이 빛나 "참가자의 기분을 들뜨게 하는" 분위기였다고 한다. 정각에 도야마(戸山)학교 음악대가 연주를 시작하자 수십 쌍의 남녀가 춤추기 시작했다. 관광단 가운데의 여성과 담배제조로 유명한 무라이(村井)상회 무라이 기치헤에(村井吉兵衛)의 딸 등이 화려하게 춤을 추었고, 가쓰라 타로 수상의 3남인 사부로(三郎)는 육군 중위 군복차림으로 멋있는 춤을 보였다고 한다(『時事新報』, 『国民新報』, 『東京朝日新聞』 등의 기사).

서양 사교계의 야회에 필적할 정도의 대야회였으며, 이전에 있었던 로쿠메이칸(鹿鳴館) 야회의 재현이라고 할 수도 있다. 게다가 그것을 신문사가 주최한 것이다. 신문사는 언론보도를 통해 일본의 정치, 사회, 문화 등이 서양 열강을 따라잡아야 한다는 것을 주장해 왔는데, 미국인 관광객과 외교관을 초대하여 서양식 댄스파티를 스스로 개최함으로써 일본이 이미 서양식 접대를 할 수 있을 정도의 문화를 지니고 있는 것을 자작자연하게 보여준 것이다.

야회로부터 3일 후 『지지신보』의 「시사방언」란은 유라쿠쵸의 도쿄시 환영회와 데이고쿠호텔의 야회를 비교하여 "충심으로 마음을 열고 친교를 맺고자 한다면 일본식으로는 안 된다. 역시 그들이 익숙해 있는 야회보다 나은 것이 없다"며 야회의 효용을 주장하고, 그러려면 일본여성이 교제에 익숙해지고, 댄스를 즐길 필요가 있다고 설명했다. 나아가 "지금은 이미 로쿠메이칸 시대가 아니다. 물론 여성뿐만 아니라 적어도 밤의 클럽 상징인 이 시대의 신사가 앞장서 세계적인 사교장에 서기 위해서는 일본 역사나 전통에만 몰두하지 말고 사교춤 하나, 둘은 익혀두지 않으면 안 된다"고 논했다. 도쿄 댄싱 클럽의 '풍류가'로 알려진 가쓰라 중위가 바야흐로 모델이 된 것이다.

관광객이 본 일본

일본인은 제1회 미국 관광객의 체험 등을 통하여 미국인의 시선을 강하게 의식하고, 어떻게든 '제국의 체면'을 지키려고 했다.

데이고쿠호텔의 야회도 그 일환이었다. 그러나 체면을 지키려고 하면 할수록 스스로 내부적으로 수준이 뒤지는 부분을 의식하지 않을 수 없게 되었다. 그것이 앞서 말한 빈약한 호텔이었고 진창으로 변하는 도로였는데, 제2회 미국 관광객이 체재하는 동안에 각 신문은 지난번보다 심한 열등감을 갖게 되었다.

『지지신보』의 「시사방담」(2월 27일자)은 미국인 관광단에게 환영의 뜻을 표하면서 다음과 같은 고백을 했다. "우리들이 그들 귀한 손님을 환영하려고 할 때마다 그들에게 충심으로 낯 뜨거움을 참을 수 없는 일이 많다. 그것을 귀한 손님 앞에서 밝혀 있는 그대로 고백하자면 우리나라의 사물은 아직 아무래도 세계적이지 않다. 모든 일이 정말 자유롭지 못하다는 것이다. 관계없는 일은 잠시 너그럽게 보려고 해도 첫째 적당한 호텔이 없는 것, 둘째 그들 일행을 환영하기에 충분한 대집회 장소가 없는 것, 셋째 우리 국민이 그들 외래 손님을 환영하는데 익숙하지 않은 것, 이 세 가지가 무엇보다도 부족한 점이다". 호텔의 개선에 대해서는 2월 28일자의 『도쿄아사히신문』 사설에서도 논하였다.

다만 호텔이나 대집회장이 없는 것은 신문이 지적한 것과 같다고 하더라도 미국인 관광단에 대해 낯 뜨거움을 참을 수 없다고 수치스러워 한 것에서 일본을 향한 서양인의 시선에 과민해진 이 시기의 일본인의 의식이 보인다.

그것은 미국인 관광객에 관한 각 신문의 기사에서도 볼 수 있다. 신문은 기본적으로 일본인의 시점에서 관광객의 언행을 보도했지만 그 가운데는 미국인 측에 일본이 어떻게 보여지고 있는가라는 시점을 역전시킨 기사가 적지 않게 게재되었다. 대표적인 기사가 『도쿄아사히신문』의 「미국관광객 에스 · 에스」라 칭한 인물의 연재 기사인 「도쿄일기」와 만화 「관광단이 본 도쿄」이다. 만화 「관광단이 본 도쿄」는 〈그림 4〉에 게재했는데, 각자 짧은

〈그림 4〉 관광객이 본 도쿄(『도쿄아사히신문』 명치 43년 4월 2~4일)

설명문이 있다. 그 하나는 "어디에 가든 통행금지로 인력거와 우리들은 어찌할 바를 몰랐다". 그 두 번째는 "건조물은 대개가 이상한 서양식이고, 게다가 세계에서 가장 작은 일본인과 마찬가지로 낮고 작다. 오고 감은 규율이 없어 마치 대사막을 여행하고 있는 것 같다". 그 세 번째는 "일본은 전쟁도 세계에서 제일이지만 동양 제일의 도회인 긴자(銀座)거리를 보면 전신, 전화선이 얽혀 새와 비둘기가 도망갈 수 없다. 그 아래를 보면 오물의 잔해가 쌓여 발을 디딜 곳이 없어 필히 인력거를 타지 않으면 안 된다. 여름철의 관광이 아니라서 다행이다. 운운", "일본은 전쟁도 세계 제일이지만 목욕탕은 남녀 혼탕과 마찬가지이고, 오로지 형식적으로 그 중간에 간단한 칸막이만 쳐져 있을 뿐이고, 불결한 목욕탕 물로 얼굴을 씻거나 입안을 가시거나 엉덩이로 밀거나 하여 그 불결함을 말하자면 세계 제일." 그 네 번째는 "도쿄 명물인 예의 거리를 비온 후에 산책하면 '외국인 양반 같이 갑시다' 하며 팔방에서 달려드는 인력거에서 진흙이 튀어든다."

모든 그림이 도쿄의 무질서, 왜소함, 불결함 등을 따진 것이다. 이 기사가 실제로 미국인에게 취재한 것인지 혹은 기자가 미국인의 감상을 상상하여 쓴 것인지는 확실하지 않다. 어쨌든 미국인 관광객이 일본을 이렇게 보고 있다 하고 일본의 미개함, 후진성을 비하하고, '제국의 체면'을 지키기는커녕 수치스러워 하는 일본이 자학적으로 그려져 있다.

말할 필요도 없이 미국인 관광객은 일본을 보러 온 것이다. 당연히 일본인은 그 시선을 느꼈다. 더욱이 그것을 문명의 시선이라고 느끼고 있었던 것이다. 막말이나 메이지 초기라면 서양인이 본다 하여도 일본인은 전혀 별세계의 외국인의 시선으로 보고 특별히 수치를 느끼는 일은 없었을지도 모른다. 그러나 바야흐로 스스로를 서양과 비슷한 수준의 문명국민으로 인정하게 된 시기에 서양 문명의 시선을 과거 이상으로 예민하게 느끼게 된 것이다. 그리고 일본 속에서 서양 수준에 못 미치는 부분을 과민하게 의식하고 수치 의식을 지니게 된 것이다.

한국 관광단

소세키(瀨石)와 외국인 관광단

서양 관광객이 큰 화제가 된 시기 한국과 청국에서도 관광단 등이 일본을 방문하여 다른 의미에서 화제가 되었다. 미국의 대관광단이 방일하기 1년 정도 전인 1909년(명치 42) 4월 나쓰메 소세키(夏目瀨石)는 그의 일기에 다음과 같이 기술했다. "4월 26일 월요일 구름. 한국 관광단 백여 명이 왔다. 모든 신문의 기사는 경멸하는 분위기이다. 자신이 외국인에게 경멸받는 것은 문제 삼고 있지 않는 것으로 보인다. (중략) 만약 서양 외국인 관광단 백여 명에 대해 동일한 분위기의 내용을 쓸 수 있는 신문기자가 있다면 감탄할 것이다(이하 생략)"(『夏目日記』 제20권, 30쪽, 岩波書店, 1996년). 마치 소세키가 예언한 것과 같이 한국인 관광단을 경멸한 일본 신문이 서양 외국인 관광단에 대해 어떠한 태도를 취할 것인지를 실험당한 것이 전술한 미국인 관광단의 일본 방문이었다.

한국 관광단 일본 방문

소세키가 신문기사에 대한 감상을 일기에 쓴 한국 관광단이란 1909년(명치 42) 4월부터 5월에 걸쳐 경성일보사가 주최한 관광단으로서 한국인 94명, 기자 등 수행원 14명, 합계 114명이라는 상당히 큰 규모였다. 『경성일보』는 당시 오오카 쓰토무(大岡力)가 사장으로 근무하고 있던 서울의 일본어 신문으로 자타가 인정한 한국통감부의 기관지였다. 그러한 신문사가 조직한 관광단이었으므로 단순히 구경하고 유람하는 관광이 아니라 정치적 목적을 지니고 있었던 것은 명확하다. 관광단 멤버는 모두 한국 정계의 유력자로 더구나 친일적인 일진회에 속한 자는 한 사람도 없었고, 반일적인 경향이 강한 대한협회원이 8할 정도를 차지하였다. 반일적, 혐일적인 한국 정계, 관계인(官界人)에게 일본의 강대함을 보여주어 무너뜨리려는 공작이었다고 생각된다.[20]

일본 측은 관광단을 표면적으로는 대단히 정중하게 접대했다. 일행이 모지에 상륙한 후 제철소를 구경하고 철도로 히로시마, 고베를 경유하여 오사카에 도착하자 시청이 꽃전차를 준비하여 신사이바시스지(心齊橋筋) 소고(十合)양복점 등으로 안내했다. 오사카 시내의 포병공창 등 교토·나라(奈良)의 명소를 구경 한 후 도카이도센(東海道線)으로 도쿄로 향하였는데, 도중에 시즈오카(静岡)에서는 플랫 홈을 장식하여 열차가 착발할 때 불꽃을 쏘아 올려 환영의 뜻을 표했다고 한다(『東京朝日新聞』). 신바시역에서는 오오카 쓰토무 경성일보사장 이하 도쿄시 명예직원, 상업회의소, 동양협회 회원 등 백여 명, 한국 관계 무역상, 재일한국인 등 수 천명이 수십 개의 국기와 채색한 깃발을 들고 맞이하였다(『国民新聞』 4월 23일). 일행

---

20) 경성일보 관광단을 비롯한 일본시찰단에 대해서는 다음의 연구를 참조 바람. 한규무, 「한말 한국인 일본관광단연구(1909~1910)」, 『국사관 논총』 107, 국사편찬위원회, 2005; 박양신, 「일본의 한국병합을 즈음한 "일본관광단"과 그 성격」, 『동양학』 37, 단국대학교 동양학연구소, 2005; 조성운, 『식민지 근대관광과 일본시찰』, 경인문화사, 2011.

은 곧바로 인력거 백여 대를 타고 오쿠라 기하치로(大倉喜八郞) 저택으로 가서 환영회에 참석했다.

다음 날부터 조속히 도쿄 시내의 오지(王子)제지와 삿포로 맥주 공장, 활동사진관 등으로 안내되었고, 또 아오야마(青山) 연습장에서는 육군의 발화연습을 견학했다. 나아가 5월 1일에는 메이지 천황이 하마리궁(浜離宮)에서 일행과 오찬을 함께했다. 한국의 유력자들이라고는 하지만 일개 신문사가 주최하는 관광단을 천황 스스로 식사에 초대한 것이었다고 하는데 이례적인 대우였다. 관광단 멤버 가운데는 "왜 이처럼 환영해 주는지, 환영의 이면에는 무엇인가 의도가 있지 않겠는가라고 의심하는 분위기도 있다"라고 보도될 정도였다(『時事新報』 4월 27일).

대환영의 이면에 있는 것

미국인 관광단에 대해서도 전술한 것과 같이 축제 소동과 같은 대환영을 보였는데, 한국인 관광단을 대환영하는 태도는 그것과는 이질적인 것이었다. 관광단이 의심한 것과 같이 이면에는 정치적인 의도가 존재했던 것이다. 표면적으로는 한국인 관광단을 극진하게 대하였는데, 그것은 상대에 대해 일부러 공손하고 또한 정중하게 대접함으로써 상대를 위압하려는 전술이었다. 일본 측이 한국인 관광단에게 보여주려고 한 것은 첫째, 문명화한 일본이었다. 굴뚝이 숲처럼 서있는 오사카 공장단지, 포병공창, 오지제지 등에서 볼 수 있는 일본의 공업력이었다. 1907년의 제3차 한일협약에 의해 한국 군대는 강제 해산되어 "지금은 한 명의 병사도 없는" 한국의 전(前) 군인을 앞에 두고 연습으로 과시하는 일본의 군사력. 바쁘게 왕래하는 사람들로 복잡한 번화가가 보여주는 일본의 높은 문화 수준이었다. 그러한 것을 보여줌으로써 문명국 일본을 알리려고 한 것이었다. 두 번째로 보여주려고 한 것은 일본 역사였다. 한국인 관광단을 교토, 나라, 닛코로 안내하여 일본의 오래된 건축, 오래된 미술을 보여주었다. 그것은 서양인 관광객의 경우와 같이 그들의 이국 취향에 맞춘 것이 아니었다. 반대로 일본의 우월한 역사적 전통을 보이려는 목적이 있었다. 그리고 "천백 년 옛날부터 일본 문화는 이렇게까지 발달해 있었던 것이다. 일본의 오늘이 있기에 (우리에게-번역자) 앞으로의 일은 아득히 멀다고 탄식했다"라는 감상을 한국인에게 듣고(『国民新聞』 4월 24일) 일본 측은 만족했다.

문명화한 일본과 일본 역사, 전통의 양면을 보임으로써 어떤 관점에서 보아도 일본이 한국에 비해 우월함을 일행에게 납득시킨다는 그와 같이 계획된 관광여행이었던 것이다. 일본의 압도적인 우월성을 과시함으로써 상대를 굴복시켜 일본의 정치적인 의도, 즉 한국병합에 대한 땅고르기를 하는 전략이었다. 그것은 도요(東洋)협회가 주최한 환영회에서 있었던 이토 히로부미(伊藤博文) 통감의 연설에서도 노골적으로 나타났다. 이토 히로부미는 일본과 한국은 "이미 거의 하나가 되어 문호개방의 필요도 없고, 또 기회균등의 필요도 없다"라며 사실상 한국의 독립을 부정하고, "이번 방일은 좋은 기회이다. 이때에 충분히 일본의 문물, 제도, 안정, 풍속을 시찰하고 선의로써 그것을 해결해야 한다. 악의의 시찰이라면 나는 제군에게 하지 말라고 권한다"라고 단언했다(『東京朝日新聞』 4월 25일). 한국 관광단은 자유롭게 일본을 보는 것이 허락되지 않았다. '선의'로써 일본 문물을 시찰하였다. 즉 일본의 우월성을 인정하고, 오로지 경탄하면서 일본 문물을 보는 모습이 요구되었던 것이다.

이토의 연설은 일본 신문에서는 지극히 당연한 것으로 받아들여졌다. 예를 들면 『도쿄아사히신문』은 즉시 사설을 게재하여 "우리는 이 말을 듣고, 즉시 이 말을 실행할 것을 바라는 것 이외에 없다. 왜냐하면 즉 이 말에 대해 우리는 기쁨 이상을 느꼈다"라고 일본에 의한 한국병합의 실현을 큰 기쁨으로 바랐던 것이다(4월 25일 「統監演說を讀みて」).

한국 황태자가 부른 군가

그러나 환영회에서의 이토 히로부미의 위압적인 연설은 일본 측에서 보면 아직 가벼운 전조에 지나지 않았다. 일본 측은 한국인 관광객에게 보여야 하는 특별히 연출된 쇼를 준비하고 있었던 것이다. 4월 28일 일행은 오모리(大森)의 은사관(恩賜館)으로 이토 히로부미의 초대를 받았다. 일행이 도착하고 잠시 후에 한국 황태자가 시종들을 동반하여 도착하였다. 소년 한국 황태자 영친왕은 1907년(명치 40) 12월 이토 히로부미가 일본에 데리고 와 이토 히로부미와 스에마쓰 노리즈미(末松謙澄) 추밀원 고문의 감독 하에 일본식 교육을 받고 있었다. 관광단은 도착한 다음 날인 23일에도 황태자가 거주하는 별장에 들러 알현하였는데, 그때에도 황태자는 "번거로운 한국 고대의 예법을 폐하고 모두 신식 예법"을 사용했다고 한다(『時事新報』 4월 24일). 이 날의 황태자도 관광단 일행이 옛날 고국에서 낯익은 한국 복장이 아닌 카키색의 소위복에 장화 복장이었다.

먼저 이토 히로부미는 관광단 일행 앞에서 유학 중인 황태자의 모습을 친근하게 보고 싶다는 요망을 특별히 청하여 일부러 이러한 기회를 만들었다는 뜻의 훈시를 하였고, 입식이지만 식사 후에 한국 황태자는 학우와 병식 체조를 연출하여 보이고 나아가 스스로 분위기를 타서 "연기도 보이지 않고 파도도 일지 않는다"라는 청일전쟁 서해해전에서의 일본해군 수병의 용감함을 찬양하는 군가를 소리 높여 불렀다고 한다. 이것을 보고 이토 히로부미 통감은 만족스러운 미소를 보이고, "관광단 일행은 눈을 동그랗게 뜨고 본국에서는 결코 현세에서 볼 수 없는 하나의 환상 세계의 연극을 본 것과 같이 한편으로는 놀라면서 한편으로는 기뻐했다"라고 『도쿄아사히신문』은 전했다(4월 30일. 타 신문에서도 수식어법에 차이는 있지만 거의 같은 취지의 기사이다).

이것은 일본 측이 한국 관광단에게 보이려고 용의주도하게 연출한 연극이었다. 그리고 한국 관광단은 일본 군복을 입고 청일전쟁을 찬양하는 일본 군가를 노래한 한국 황태자를 '선의'로 보도록 강요당한 것이었다. 『도쿄아사히신문』은 득의만만하여 이것을 '현세에서 볼 수 없는 하나의 환상 세계의 연극'이라 평하였는데, 한국인이 볼 때 이것은 『도쿄아사히신문』과는 전혀 반대의 의미로 "현세에서 볼 수 없는 하나의 환상 세계의 연극"이었을 것이다.

더군다나 그것은 어떤 의미에서는 자신을 보는 것이기도 했다. 일본의 신문은 의외의 일로 보도하였는데, 한국 관광단 대부분은 단발의 신사복 차림으로 한국의 두루마기를 입은 사람은 몇 명 안 되었다. 부산에서 단발한 사람이 2명 있다고 하는데, 일본을 관광하는데 복장 문제로 큰 갈등이 있었던 것은 틀림없다. 그러나 대다수는 주저하면서도 단발하였고 양복을 입었다. 그것은 어떤 의미에서는 일본에 대한 혹은 그 배후에 있는 서양에 대한 순응 혹은 굴종이다. 한국 관광단은 이미 일본화 되어 있었다. 일본화한 황태자를 바라보는 것은 거울로 자신을 보는 것과 같았다. 그것은 이중의 의미에서 굴욕적인 체험이었을 것이다.

소년 황태자의 군가와 체조 후 이토 히로부미는 나아가 '철퇴와 같은 선언'을 했다. 일본은 한국 황태자를 성심으로 교육하고 있으며 "이 기회를 이용하여 조금이라도 우리의 뜻을 의심하는 자가 있다면 지금 바로 내 면전에서 그것을 확실하게 말하라. 나는 그 이름을 한국 황제에게 진상할 것이다"라고 선언한 것이다. 이 위협에 대해 한국 측은 "우리 모두 통감의 뜻을 의심하여 말할 수 있겠는가. 절대로, 절대로"라고 황공스러워하며 물러났다고 한다(『東京朝日新聞』). 연극은 충분히 효과를 보았던 것이다.

경멸하는 사회면 기사

일본 측의 공적인 환영은 이와 같이 위협적인 것이

었으나 표면적으로는 공손했다. 각 신문은 다양한 환영회와 관광단이 구경하는 모습을 자세히 보도하였고, 공손함 이면에 있는 일본 측의 오만한 태도를 공감을 갖고 높이 평가하는 논조였다. 앞서 이토 히로부미의 연설을 '철퇴와 같은 선언'으로 표현한 『도쿄아사히신문』은 결코 비판적인 의미로 '철퇴와 같은'이라는 단어를 사용한 것이 아니라 이토 히로부미의 강경한 태도를 찬양하고 있었던 것이다. 당연히 관광단 일행은 비굴하게 영합하는 것, 일본을 찬미하는 것으로밖에는 묘사되지 않았다.

관광단 일행이 구경하는 모습을 보도한 사회면 기사를 보면 공손함의 밑바닥에 있는 '미개'에 대한 조소가 가장 노골적으로 표면화해 있었다. 소세키가 "모든 신문 기사에 경멸하는 분위기가 있다"라고 말한 것은 필시 이러한 사회면 기사를 가리켰을 것이다. 예를 들면 미술공예전람회를 견학하는데 "정밀한 귀금속 물건은 마음에 들지 않고 조화나 인형류에 크게 기뻐했다(『国民新聞』 4월 25일)". 시부사와 에이이치의 안내로 오지제지 공장을 견학할 때는 공연의 하나인 마술에 크게 즐거워하였는데 "덴이치(天一)의 마술과 곡예는 크게 기뻐하였고 기계나 공장은 보아도 알지 못한다고 생각하고, 충분히 대만족", "공장을 참관하는 동안에 통역을 듣는 것도 아니고, 기계에 관심을 가지는 것도 아니어서 그 이유를 질문하자 보아도 모르기 때문에 안 본다는 대답이었다(『都新聞』 4월 25일)". 모든 신문이 한편으로는 관광단으로부터 일본의 공업력 등에 대한 찬사를 캐내어 듣고 자신의 우월함과 그들의 열등함을 기사로 삼았으며 한편으로는 그들은 일본의 기계나 공예의 진정한 가치를 모르고 어린아이를 속이는 조화나 마술 등을 보고 감격한다고 한층 더 낮게 멸시했다. 또 일행의 태평한 모습, 이유 없이 우왕좌왕하는 모습 등도 익살스럽게 기사로 삼았다. 이와 같은 사회면 기사의 경멸은 당연히 앞서의 이토 히로부미 등의 정치적 위압을 지탱하는 것이었다.

환영의 정치 전략

1909년(명치 42)의 한국인 관광단은 일본 측이 한국병합이라는 정치 전략의 일환으로써 일본을 보여주기 위한 것이었다. 그 목적으로 상대가 놀랄 정도의 대환영을 준비하고 정중하게 맞이했다. 문명화한 일본을 보이고 나아가 일본의 군가까지 노래하는 한국 황태자까지 보였던 것이다. 그리고 한국 관광단이 일본 측의 제시에 압도되어 놀라고 안절부절 하는 것을 보고 크게 만족했다. 한국인으로부터 "처음으로 문명을 접하였는데 그저 어리둥절할 뿐으로 아직 구사상을 변화시키기까지에는 이르지 않았다고 생각한다. 그러나 듣기에 일본의 문명은 뛰어난 상태로 도저히 한국이 도모하여 미칠 수 없음을 대체로 느끼고" 있다라는 감상(『時事新報』 4월 27일)을 듣고 싶어 했고, 그러한 말은 안성맞춤의 신문기사가 되었다. 더구나 일본 측은 일본에 대한 찬탄을 표하는 한국 관광단을 경멸하고 있었다.

한국 관광단을 맞이한 일본인의 태도는 타자의 시선 앞에 적극적으로 자신을 내보이고 상대를 압도하려는 태도였다. 그러나 거기에는 타자의 시선을 느끼는 감수성은 부족했다. 타자의 시선은 조종의 대상에 지나지 않는다. 이러한 한국 관광단에 대한 위협적인 자기 제시와 타자의 시선에 대한 둔감함은 소세키가 꿰뚫어 본대로 서양인과 접했을 때는 나타나지 않았다. 미국인 관광단에 대해서는 영합과 수치라는 반대 의식으로 역전하여 나타났다. 표리가 상반하는 태도는 이 시기 일본인의 외국인 관광객에 대한 태도였다.

청국 관광단

청국 관광단의 일본 방문

이 시기 일본인의 외국인 관광객에 대한 태도를 드러내는 또 하나의 예는 미국인 관광단과 거의 동시기에 일본을 방문한 청국 관광단에 대한 환영이었다. 1910년(명치 43) 4월 미국인 관광단이 일본을 방문한 지 1개월 정도 지난 시기에 이번에는 청국 관광단 26명이 방문한 것이다.

이 관광단은 봉천의 성경시보사(盛京時報社)와 동산성일보사(東山城日報社) 두 곳이 주최하여 청국 관광단이라 칭했는데, 참가자는 만주로 한정되어 있었다. 『성경시보』는 1906년(명치 39) 10월 18일 나카지마 마오(中島眞雄)에 의해 창간된 중국어 신문으로 당시 봉천총영사 하기와라 모리이치(萩原守一)에게서 재정적 · 행정적인 도움을 받았다고 한다(李相哲, 『滿洲における日本人經營新聞歷史』, 121쪽). 또 하나의 신문인 『동산성일보』에 대해서는 자료가 없어 확실하지 않지만 적어도 일본 외무성의 현지 앞잡이 기관이 원조한 신문이 아니었을까 싶다. 앞서 한국인 관광단도 통감부 기

관지였던 경성일보사가 조직한 것이었는데, 이 시기에는 경성관광단, 평양 관광단 등과 일본계통의 신문이 조직한 관광단이 이 밖에도 보이므로 청국 관광단도 현지 일본인이 발행하는 신문사가 대일 감정을 융화시키기 위한 목적으로 계획한 것이라 할 수 있다. 그 배후에는 일본 외무성의 압력이 있었을 것으로 추정된다. 그것은 일행이 일본을 방문하였을 때 당시 외무성 통상국장이었던 하기와라 모리이치가 담화를 발표하여 "청국 관광단을 맞이하는 것은 미증유의 일로 국민으로서 크게 환영하는 뜻을 표하는 것은 물론 그 시찰에 대해서는 돈독하게 그들을 맞이하여 완전히 개방하여 충분히 그 목적을 달성할 수 있도록 하라. 이것은 마침내 다가올 청국 각지의 관광단을 유도하는 배경이 될 것이다. 또 청일 양국 민간이 친밀한 접촉을 유지하는데 무엇보다도 좋은 방법이 될 것이다"라고 청국 관광단을 융숭하게 환영하도록 호소한 것에서 살필 수 있다(『東京朝日新聞』 4월 14일).

직접 참가자를 모집하고 여비를 원조하는 등 관광단을 실질적으로 조직한 것은 석(錫) 봉천총독이었다. 일본 방문 후 단장 왕양(汪陽) 동산성일보 주필이 말한 바에 의하면 처음 신문사가 모집했을 때는 응모자는 겨우 6명 밖에 없었으나 석 봉천총독이 계획에 찬성하고 그해 사범학당을 졸업한 학생 10명을 선발하여 비용 일체를 관에서 지급하여 참가시켰고, 그 외에도 수 명이 비용 일부를 부담하여 독려했다고 한다(『時事新報』 1910년 4월 15일). 실질적인 문제로 당시 만주에서 일부러 일본 관광을 가려고 하는 동기는 희박하였고, 또 만약 동기가 있다고 하여도 비용을 부담할 수 있는 사람은 드물었을 것이다. 결국 성립한 관광단은 석 봉천총독과 일본 외무성의 합작에 의한 것으로 위로부터 조직된 성격이 강한 것이었다.

다만 일본 측에 한국 관광단의 경우처럼 구체적인 정치적 의도가 있었던 것은 아니다. 러일전쟁 후 청국과의 관계가 반드시 원활하지 않은 상태로 전술한 하기와라의 담화에 있는 것처럼 양국의 친선이라는 추상적인 부분이 제창되었던 것이다. 그러나 관광단에 냉담했던 것은 아니며, 관계

(官界)·제 신문 모두 환영 무드를 고조시키려 했다. 특히 열심이었던 곳은 『오사카아사히신문』으로 관광단이 오사카를 방문했을 때 「청국의 대일감정」(4월 8일)이라는 제목의 사설을 게재하여 "봉천관광단을 영접하는 데 성심성의로써 환대하도록 노력할 것은 말할 필요도 없다"라며 청국 관광단을 환영할 것을 역설했다.

환영 의식

실제 미국인 관광단의 경우처럼 축제분위기에는 이르지 않았지만 청국 관광단도 융숭하게 대접받았다. 외무성, 도요협회 등이 여정이나 구경 장소 등을 계획하고 준비한 것으로 추정되는데, 여기에 일본 측의 청국에 대한 견해가 나타나 있었다.

일행은 4월 13일에 대련으로부터 고베에 도착하였고 다음 날인 17일 모지항을 시작으로 1개월 이상의 여정을 더듬어 나갔다. 고베에서 곧바로 열차로 도쿄로 향하여 여정의 약 반은 도쿄 구경으로 짜였고, 돌아가는 길에 때마침 개최된 나고야공진회를 견학하고, 그 후 교토·나라·미야지마(宮島)를 구경하고 귀국하는 여정으로 이루어져 있었다. 이 여정을 통해서도 관광여행의 중심이 도쿄를 중심으로 한 일본의 문명을 보이려고 하는 데 있었음을 알 수 있다.

4월 14일 신바시역에 도착했을 때는 농상대신대리 비서관, 사사키 고로(佐佐木五郎) 대의사 이하 도아도분카이(東亞同文会), 도요협회 관계자 등 백여 명이 마중했다. 이후 일행은 도쿄 시내의 여러 곳에 안내되었는데, 일행이 구경한 곳은 농상무성 진열관, 고쿠민신문사 등 신문사, 제국대학, 도쿄우편국, 전화교환국, 발명관, 체신청, 우에노박물관, 동물원, 인쇄국, 일본은행, 도쿄감옥 등이었다. 이러한 견학 장소를 선택한 것은 물론 청국 측의 요청도 있었겠지만 그렇다고 하더라도 미국인 관광단과는 완전히 대조적이다. 미국인 관광단을 안내한 아사쿠사도 시바조죠지, 닛코, 가마쿠라 등은 제외되었고, 그 대신에 인쇄국이나 우편국, 당시 신축된 동양 제일의 건축이라 칭해진 체신국 등을 보여준 것이었다.

청국인에게는 문명국 일본의 최첨단을 과시하려고 했다. 그리고 각 신문은 이와 같은 시설에 놀라는 청국 관광단의 모습을 기사로 삼았다. 예를 들면 전화교환국에 가서 "1일 총계 통화수가 35만 건에 달한다고 말하자 모두 아연해졌다", 나아가 "체신성에 이르러 관내를 둘러보았는데 그 웅장하고 극히 정교함, 통산하면 실로 30리가 넘는 관내의 긴 복도 등 동양 최고의 건물임에 경탄했다(『国民新聞』)". 청국 관광단이 놀라는 것을 보는 것이 그들을 친절하게 안내한 동기였다고도 말할 수 있다.

청국 관광단에 대해 시내 여러 곳의 구경뿐만 아니라 다양한 환영회를 열어 융숭하게 대접했다. 도착한 14일에는 우네메정양헌(采女精養軒)에서 만찬회를 개최했다. 회장의 장식은 중국산의 자단(紫檀) 의자를 늘어놓아 식당을 만들고 천정으로부터 벚꽃을 늘어뜨렸으며, 식탁에는 서양화초를 두고 사방에는 문인화를 배치하고 여기저기에는 기후 제등(岐阜提燈)을 달았다고 한다. 바이올린 연주를 배경으로 한 만찬회가 있었고, 고마쓰하라 에이타로(小松原英太郎) 문부성대신이 환영인사를 했다(『国民新聞』). 마치 일본, 서양, 중국의 세 곳의 양식이 혼합된 연회와 같았는데 이것은 청국 관광단과 그들을 점잖게 환영하는 일본, 양자의 배후에 있는 서양이라는 삼자의 관계를 기묘한 형태로 보인 것이라고 말할 수도 있다.

4월 23일 일행은 오쿠마 시게노부 저택에 초대되었다. 미국인 관광단도 오쿠마저택 초대를 받았는데, 이것은 저명 정치가의 초대로 외국인 접대 코스의 하나였던 것 같다. 오쿠마 자신도 신문 등에서 주목을 받는 자랑스런 일이라고 기뻐하였을지도 모른다. 청국 관광단의 경우 오쿠마 시게노부는 '장려하는 연설'을 행하여 "우리나라의 발달은 우리나라의 특색을 발휘한 것으로 서양문명을 충분히 이해하고 그 응용에 힘을 다한 것(중략)

제군이 서양문명을 보려고 하는 것보다 동양화한 서양문명을 우리나라에서 조사하는 것이야말로 첩경이라고 믿는다", "원래 귀국은 응용을 실행하는 용기가 부족하다. 모름지기 앞으로 이 결점을 타파"해야만 한다고 연설했다. 이에 왕양(汪洋) 단장이 "유익한 교훈을 들었다. 앞으로 그 뜻을 명심하여 노력, 분투할 것이다"고 답사했다(『東京朝日新聞』 4월 24일) 이것은 한 재야 정치가의 의례적인 발언에 지나지 않지만 오히려 그만큼 당시의 많은 일본인이 지니고 있던 자기인식과 對중국 인식을 스스로 말한 것이라고도 할 수 있다.

우월감의 발로

일본이 서양문명을 이해하고 그것을 응용하여 서양과 견줄 정도에 이른 것을 자랑하고 청국은 그것을 배워야만 한다, 더구나 직접 그것을 서양에서 배우는 것보다 '동양화한 서양문명'을 배우는 것이 유효하다는 '조언'이었다. 청국 관광단에게 보여준 도쿄는 그야말로 '동양화한 서양문명'인 것이었다. 청국의 모델로서의 일본이지만 일본이 모델이 될 수 있는 것은 일본이 서양을 모델로 삼았기 때문이었다. 서양문명을 담보로 삼음으로써 문명화한 일본은 뒤쳐진 청국에 대해 우월한 관계를 지니려고 했다.

이 우월한 관계 속에서 청국을 '장려'하는 것이 양국의 친선관계라고 하는 것이 일본 측의 생각이었다. 청국 관광단이 일본의 개명에 놀라는 것을 보는 것은 한국 관광단의 경우와 비슷했지만 그 정도로 노골적으로 경멸하는 모습은 아니었다. 오히려 만주지방의 군정관 등이 "전승의 여파를 타고 청국 관민에 대해 오만불손한 태도를 취하고 있는 것을 경계하는 의견 등도 이즈음 등장하기 시작했다(『大阪朝日新聞』, 3월 15일자 社說 「淸國人に對する心得」)". 그러나 그것은 상대를 존중한 것은 아니었다. 보편적인 문

명의 일본의 우월성이라는 범위 안에서 주어진 일본의 선의적인 표현이었던 것이다.

청국 관광단이 진심으로는 일본을 어떻게 보고 있는가에 대해서는 그다지 신경 쓰지 않았던 것이다. 관광단 일행을 일본식 여관으로 안내하고, 전통 일본식 식사를 내었다. 미국인 관광단에게는 빈약한 호텔을 수치스럽게 느꼈었는데, 청국 관광단에게는 일본식 여관도 진흙탕의 도로도 그다지 신경 쓰는 일 없었고, 더군다나 수치스럽다는 의식은 없었다. 미국인 관광단에 대한 의식과 청국 관광단 · 한국 관광단에 대한 의식이 전혀 달라 말하자면 이중 기준을 이루고 있었던 것이다.

서양의 시선과 수치 의식

서양 문화를 내면적인 죄책감에 기초한 '죄의 문화', 일본 문화를 외면적인 '수치의 문화'라고 한 R.베네딕트의 유명한 정식이 있다. 수치란 "다른 사람들의 비평에 대한 반응이다. 사람은 공개 장소에서 비웃음을 받거나 거부당하게 되거나 혹은 이상한 사람으로 취급당하는 자기 자신을 상상함으로써 수치스러워한다"고 규정되어 있다(長谷川松治 譯, 『菊と刀』). 이에 대해서는 베네딕트의 소박한 방법론 혹은 그 기저에 있는 서양문화의 우위 가치관 등 여러 가지 관점에서의 비판이 나왔다.

또 사쿠타 케이이치(作田啓一)는 우리들이 수치 의식을 가지는 것은 "타인에게 일종의 특별한 주시(注視) 상태에 놓여 질 때"라고 하여 더욱 일반적인 수치의 개념을 세우려고 했다. '특별한 주시'란 보편화하여 봐주길 바랄 때 개체화하여 보는 시선, 역으로 개체화하여 봐주길 바랄 때 보편적으로 보는 시선이다. "인간은 보편적인 존재라고 할지라도 범주화되고, 개별적인 존재라고 할지라도 범주화될 수 있다. 당신이 보편적인 사람으로 보여지기를 기대할 때 타인이 그와 같은 존재로 당신을 주시하여도 수치심은 일어나지 않는다(모델 혹은 환자의 경우), (중략) 수치심이 생기는 것은 보편적인 사람으로 취급되어야 할 상황하에서 개체로서 주시당하거나 개체로서 취급되어야 할 상황하에서 보편적인 사람으로 주시 받을 때이다. 예를 들면 환자여야 할 당신이 개체로서 바라보여진다거나 개체적인 생의 체험을 하나의 사건으로 관찰당한다면 당신은 분명히 수치스럽게 생각할 것이다", "보편화와 객체화라는 두 개의 지향이 자신과 타자 사이에서 엇갈릴 때 수치심이 생겨나는 것이다"라고 한다(作田啓一, 『恥の文化再考』, 筑摩書房, 1967).

엇갈린 지향에 착목한 사쿠타의 수치 개념은 서양 관광객에 대해 일본인이 느끼는 수치를 생각한 후에 참고가 된다. 당시 일본인은 문명의 일원으로 일본이 보편적인 존재로서 보여지기를 기대했다. 그러나 서양인으로부터 일본의 열등한 부분이 보여 비문명적인 존재로 보여 졌을 때 심한 수치 의식을 가졌던 것이다. 보여졌다고 하는 것보다는 오히려 그렇게 보여졌다고 상상하고 수치를 느꼈다고 하는 것이 좋을지도 모르겠다.

그만큼 일본인이 서양인의 주시에 대해 민감했던 것은 초대국인 영국과 영일동맹을 체결하고, 군사적으로는 대국인 러시아에 승리했다고 자랑스러워하며 물질적으로는 문명화했다고 하면서도 충분한 확신을 갖지 못했기 때문이다. 문명화의 기준이 일본의 것이 아니라 서양의 것인 이상 일본의 판단만으로는 확신할 수 없어 항시 서양의 시선을 신경 쓰지 않으면 안 되었던 것이다.

그러한 불안은 일본이 청국인, 한국인을 대했을 때는 문명의 보편적인 존재로서 거만한 태도가 되었다. '미개'한 그들과는 별도의 집단에 속해 있는 것이 스스로가 문명 국민임을 증명하는 것이므로 그들에 대해서는 표면적으로는 친절 · 관용의 태도를 표함으로써 실질적으로는 서먹한 관계를 가지려고 했다. 따라서 '미개'한 청국인, 한국인의 시선에는 지극히 둔감했다. 서양 관광객에게는 수치였던 것도 청국 관광객, 한국 관광객에게는 수치가 아니었던 것이다.

제2회 세계일주회와 영일박람회

5

세계일주여행, 다시

토마스 쿡사의 계획

1908년(명치 41)의 세계일주회는 미디어 · 이벤트로서 커다란 화제가 되었을 뿐만 아니라 세계일주가 단순히 꿈같은 이야기만은 아니며, 일본인에게는 실현 가능한 여행이라는 것을 보여주었다. 그것이 토마스 쿡사에게는 큰 선전이 되었던 것은 틀림없다. 다음 해인 1909년(명치 42) 토마스 쿡사는 단독 사업으로 세계일주 여행을 기획하고 참가자를 모집했다. 신문광고에 의하면 여정은 하와이 · 미국 각지 · 영국 · 프랑스 · 스위스 호수 · 이탈리아 · 오스트리아 · 독일 · 러시아를 경유하여 시베리아철도를 이용하여 귀국하는 일정으로 3월 2일 출발, 7월 6일 귀국하는 107일간의 세계일주였다. 아사히신문사 주최의 세계일주회와 비교해서 일수로는 약 반 달 정도 길고, 방문하는 장소도 조금 더 많았다. 단 비용은 3,250엔으로 발표되어 아사히신문사 주최의 비용이 2,100엔이었던 것에 비해 약 1,000엔이나 높아졌다.

모집광고에 의하면 신청소는 토마스 쿡사 이외에 도쿄(東京) 교바시구

(京橋区) 효시쵸(日吉町)의 내외중개사(內外仲介社)와 고베 나카쵸(仲町) 동양광고중개회사(東洋広告取次会社)로 되어 있다. 널리 영업 활동을 하기에는 토마스 쿡사만으로는 불충분해서 도쿄와 간사이의 중개업자와 제휴할 필요가 있었던 것이다. 또 『도쿄아사히신문』 3월 7일자에는 세계일주회에 동행해서 무보수지만 회비 면제 조건으로 통역업무를 담당하는 자를 급히 모집하는 '통역자 구함'이라는 광고가 실려 있다. 통역의 필요는 처음부터 알고 있었을 것인데 출발 직전이 되어서 급히 모집한다는 것은 계획이 충분히 다듬어지지 않았다는 것을 의미한다.

결국 이 세계일주회에 응모했던 사람은 통역을 합쳐서 불과 6명이었다. 토마스 쿡사의 입장에서 채산이 맞았는지는 불분명하다. 해외여행이 화제가 되긴 했지만 세계일주가 되면 비용이나 일수 등의 부담이 커서 그리 간단히 참가자가 모이는 것이 아니었던 것이다. 이 1909년의 토마스 쿡사 주최 세계일주회의 상황은 전년의 아사히신문사 주최의 그것이 신문에 의한 화제 만들기, 신문사의 조직력 등을 통해 다수 참가자를 모을 수 있었던 것을 이면에서 내보이고 있다고 말할 수 있다. 이 시기 대규모의 해외 관광여행은 신문사와 제휴해서 이벤트화하지 않으면 성립하기 어려웠던 것이다.

다만 이때 세계일주 여행 참가자는 소수에 머물렀지만 화제가 된 인물이 참가하였다. 한 사람은 아사히신문사 사원인 시부카와 류지로(澁川柳次郎)이다. 시부카와는 당시 『도쿄아사히신문』의 사회면 개혁을 중심이 되어 추진하고 있던 기자로 그때까지의 예능 자료나 소문 등을 주로 다루는 흥미 위주의 기사로부터 벗어난 새로운 사회면 기사를 만들어 내고자 했다. 또한 야부노 무쿠주(藪野椋十)라는 필명으로 『도쿄아사히신문』에 「도쿄구경」, 『오사카아사히신문』에 「가미가타 구경」이라는 읽을거리를 연재하여 인기를 얻고 있었다. 아사히신문사의 사고에는 "우리 회사는 토마스 쿡사가 개최한 세계일주회의 취지에 찬성하여 그것에 동행 시킨다"고 한 것에서 전년 이래의 양사의 관계로 볼 때 토마스 쿡사 주최의 세계 일주에 시부카와를 동행시켜 여행기를 쓰게 하려는 기획이 있었다고 보인다. 실제 시부카와의 여행 동향은 전보 등에 의해 바로 보도되었고, 다시금『도쿄아사히신문』4월 29일자부터 야부노 무쿠쥬의 이름으로「세계구경」이라는 제목의 여행기가 연재되었다.

또 다른 한 사람은 다나베 에이지로(田邊英次郎)라는 25세의 은행원으로 그는 귀국 후『세계일주기』라는 여행기를 출판하였다. 여행기에서 보면 은행원이라 해도 자산가의 아들이었던 것을 알 수 있다. 어쨌든 시부카와와 다나베 두 사람의 여행기를 통해 이 세계일주회의 여행 상황은 상세히 알 수 있다. 그들의 체험은 아사히신문사 주최의 세계일주회와 중복이 많으므로 여기에서는 생략하지만 두 명의 여행기가 해외여행에 대한 관심을 높인 것은 틀림없다.

'평화의 신년·평화의 여행'

다음 해인 1910년(명치 43) 연초는 전술했던 미국인 대관광단, 청국 관광단이라는 외국인 관광객의 일본 방문이 잇따라 큰 화제 되었다. 더욱이 아사히신문사가 설날 지면에서 제2회차가 되는 세계일주회의 기획을 대대적으로 발표하였다. 이것은 2년 전의 세계일주회의 성공을 이은 것이지만 이번에는 이 해 5월에 런던에서 개최될 예정이었던 영일박람회 구경을 여행의 커다란 목적으로 내걸고 있었다.

설날의『오사카아사히신문』은 그 사설에서 "외정을 보기에 사해일가가 하등 험악한 근심 없이 1910년(명치 43)은 경사스러운 일이 매우 많아 (중략) 우리 회사는 이(주-영일박람회) 성황을 보기 위해 관광단을 조직해서 이번 기회에 세계를 일주한다"라고 썼다. 또한『도쿄아사히신문』사설은「평화의 신년」이라는 제목으로 "우리가 세계의 평화를 약속해서 의심하지 않는 이유로서 그리고 또 이 평화를 지키고 동시에 평화의 영속이 가져올 행복을 희망하고 그치지 않는 까닭에서"라고 세계의 평화를 찬양하고 "세계일주회를 다시 개최하여 주로 일본과 평화를 함께 하는 우리 동맹국을 방문하고 거듭 우방의 수도에 들어가서 평화를 사랑하는 일본인으로서 부끄럽지 않은 평화의 여행을 개최한다"고 기획 취지를 제시하였다. 두 사설에서는 지극히 낙관적으로 '평화'를 구가하는 분위기를 살필 수 있다. 제1회가 '서양 열강과의 대등한 교제'라는 뜻을 보인 테마를 내걸고 있는 것에 비해 제2회는 '평화의 여행'으로 태평성대를 즐기는 것이 테마가 된 것이다.

'평화'와 진보를 낙관적으로 구가하는 언설은 이 해의 각 신문 정월 사설에 공통으로 보이는 경향이었다. 예를 들면 『고쿠민신문』은 "평화의 연두에 서서 우선 우리의 눈에 비치는 것은 우리 국운의 발전, 우리 국력의 신장 이것이다. (중략) 우리나라는 대외적 관계가 매우 원활하고 국내 상태가 매우 평화로워서 안녕을 즐기고 평화의 단맛을 느끼고 있다. 그리하여 국력은 안으로 가득차서 밖을 향해 뻗어나가고 있다(1월 5일, 「国家の進運と国民」)"고 논하고, 『지지신보』도 "우리 국력은 오직 더욱 더 전진진보의 방향일 뿐 한 때의 불경기와 같은 것은 건강한 몸의 사람이 때로 경미한 감기에 걸리는 것과 마찬가지로 추호도 염려할 필요가 없다(1월 1일, 「新年所感」)"고 고창하고 있다. 제국일본의 정체성을 고양하는 것이 한층 고조되어 큰 파도를 탄 듯한 낙관적인 분위기가 널리 퍼지고 있었던 것이다.

영일박람회 구경

이 상승 분위기의 한 표현이 이 해 5월 열렸던 영일박람회였다. 영일박람회가 개최된 경위에 대해서는 후술하겠지만 여러 신문과 잡지에서는 기본적으로 이것을 일본의 국위선양, 단지 산업 · 통상뿐만이 아닌 정치·문화면에서 영일 양국의 관계 강화 기회로 파악하고 있었다. 『아사히신문』 사고는 영일박람회는 양국의 무역에 이바지할 뿐만 아니라 "이에 따라 양 국민의 접촉을 꾀하여 (중략) 국가의 영일동맹으로 하여금 국민을 영일동맹으로 끌어들이려고 하는 뜻에 다름 아니다. 이 점에서 미루어 볼 때 이번 박람회는 일종의 정치적인 의미를 포함한다고 해도 무방하다(1월 4일 사고)"고 썼으며 일본 국민이 친히 영국 국민과 접하기 위하여 여행회를 조직한 것이라고 의의를 부여했던 것이다.

설날 호의 사설과 동시에 실린 「영일박람회 구경 세계일주회」라는 사고는 일수 왕복 85일, 회비 1,950엔, 4월 6일 요코하마 출범의 치요마루(地洋丸)로 출발한다는 기본 사항을 발표하였고, 이후 지면상에 상세히 발표되었다. 그에 따르면 5월 7일까지 하와이, 샌프란시스코, 시카고, 나이아가라 폭포, 뉴욕 등 미국을 순회하고 그 후에 대서양을 건너 5월 15일 런던 도착, 6월 2일까지 20일간 런던에 체류하면서 영일박람회 등을 구경하는 것이었다. 6월 3일에 런던을 출발하여 파리, 베를린, 페테르스부르크를 거쳐 시베리아철도로 블라디보스토크에 당도해 6월 28일 쓰루가에 도착하는 여정이었다. 예에 따라 전 여정에서 토마스 쿡사의 직원이 1명 내지 2명이 동행하는 것으로 되어 있었다. 제1회 여정을 거의 답습하고 있지만 제1회의 당초 예정 일수 90일에 비해서 약간 짧았고, 영일박람회 구경을 위해 런던에서 20일간이나 체류하기 때문에 이동이 적었다. 그 부분에서 회비 1,950엔도 제1회의 2,100엔에 비하면 상당히 싸졌다. 전술한 토마스 쿡사 주최 세계일주회의 3,250엔보다는 더욱 더 싸다. 아사히신문사로서는 영일박람회 구경이라는 목적을 중시해 다른 여정을 다소 간략히 했던 것이다.

회원 수는 30인 이상 50인까지로 여겨지며 제1회와 거의 같은 규모로 예정되었다. 참가 희망자는 2월 10일까지 동서의 아사히신문사에 신청하게 되어 있었지만 이 사이에 연일 세계일주회 관계 사고가 게재돼 대대적인 선전 캠페인이 전개되었다. 아사히신문사는 처음부터 "본사는 회원의 구성을 위해 널리 각지에서 각종 직업에 걸쳐 있는 자를 희망하지만 그 선택 및 단체 편성의 권한을 보류 한다"고 해서 응모자를 일정한 기준으로 선정할 것을 강조하였다. 이는 될 수 있는 한 다양한 직업을 가진 사람들로 회원을 구성하려고 했음을 보여준다. 또 1월 29일자 『도쿄아사히신문』에 게재된 사고에서는 "오늘까지 아직 한 명의 여성도 회원 신청을 하지 않은 것은 본사가 매우 유감으로 생각하며 적극적으로 신청하기를 희망함"이라고 여성 참가자를 모집하고 있다. 원래 제1회 때에는 신청자의 조건으로서 여성은 반드시 동반자가 필요하다는 것이 명기되었지만 이번 회의 신청 수속에는 그와 같은 조항은 없었다. 여성의 자유로운 참가를 구하기 위해서 굳이 조항을 없앤 것인지 혹은 동반자 수행은 자명하다고 생각해서 명기하지 않았는지는 알 수 없지만 제1회 때에 여성 참가자가 인기를 얻었던 것 등에서 이번 회에도 여성 참가자를 바랐던 것이다.

세계일주회 회원

2월 20일에는 확정된 49명의 이름이 발표되어 거의 정원을 채웠다. 불과 5명밖에 모이지 않았던 토마스 쿡사의 세계일주회와 비교하면 역시 신문의 선전이 효과를 발휘했던 것이다. 단 일단 발표된 회원 이름은 그 후 약간 변동이 있었고 최종적으로 여행을 떠난 것은 52명이었다. 또 이번 회는 아사히신문사 기자가 5명 동행하여 총 57명이었다. 이전 회의 회원 54명, 기자 2명에 비해 1명이 증가했다.

회원 구성을 보면 모두 남성으로 아사히신문사의 기대에도 불구하고 여성 참가자는 없었다. 〈표 7〉을 보면 도쿄와 오사카 두 개의 대도시 거주자가 35명, 약 65%를 차지하고 있다. 가장 많은 곳은 도쿄로 18명, 다음으로 오사카 17명이다. 만한순유선, 제1회 세계일주회에서는 항상 오사카 거주자가 가장 많았는데, 도쿄 거주자가 많아진 것은 이번 회가 처음이다. 단

〈표 7〉 제2회 세계일주회 회원

회원성명	주소	직업	납세액
石川文右衛門	大阪市	포목상	◎330, X806
岩田松之助	大阪市	면사(綿絲)상인	
池田兵次郎	大阪市	기름상인	
石丸龍太郎	東京市	제유회사(製油會社) 중역	
伊藤善之助	大阪市	내외(內外)발명품상	
八田兵次郎	大阪市	주식중개인, 명치신탁회사 중역	
浜崎弁之助	大阪市	주식중개점원	永三郎◎458
浜野一郎	東京府	학생	
西尾寅次郎	大阪市	일본냉장회사 기사(技師)	
西川奈良蔵	大阪市	담배상인	
外山捨蔵	大阪市	은행원, 법학사	
中鉢美明	東京市	시참사회원(市參事會員), 변호사	
岡松忠利	京都市	北浜은행지점장	◎32
長部文次郎	兵庫縣 武庫郡	주조업, 敦賀전등회사장	
風間八左衛門	京都府 葛野郡	수력전기회사 중역, 농림업	◎444, X29
川邨佐蔵	大阪市	內外綿회사원	利兵衛◎367
柏木幸助	山口縣 佐波郡	약제사	
加藤木重教	東京市	전기공사(工師)	◎336, X391
吉村銀次郎	東京市	도쿄시회의원, 春日은행 중역	
吉井正輝	東京市	학생	
高田久右衛門	大阪市	당홍화상(唐紅花商)	◎1370, X197
田山宗尭	東京市	출판업	◎150
高木藤七	東京市	술도매상	◎193
田辺貞造	兵庫縣 武庫郡	오사카상선회사원	
角田真平	東京市	시구개정국장(市區改正局長), 대일본박람회이사관	
鶴岡庄七	東京市	本鄕煙草元売捌합자회사 중역	◎44
中村新太郎	高松市	상업학교강사, 법학사	

中沢武兵衛	佐賀縣 東松浦郡	芳谷炭坑지배인	
中島喜三郎	東京市	요리업	◎82
梅原德次郎	大阪市	유가증권매매상	X93
宗方小次郎	熊本市	동양협회(東洋協會) 간사, 동아동문회(東亞同文會) 평의원	
井內太平	德島市	상업회의소회원, 시참사회원, 포목상	
野々山幸吉	東京市	도쿄시회의원	◎186
失橋亮吉	岐阜市	대리석제작업, 赤坂은행중역	
八木富三	名古屋市	八木합명회사중역, 포목상	
安田善雄	東京市	安田은행원	善次郎◎7975
安田善五郎	東京市	安田은행원	
山木慎平	長野市	나가노(長野)신문기자	
古川 俊	佐賀縣 東松浦郡	唐津병원장	
伏田清三郎	大阪市	철공업	◎197,. X67
越亀太郎	大阪市	삼창상회(三昌商會) 주인, 메리야스 제조업	
小坂順助	東京市	信濃은행중역	
尼崎熊吉	大阪府 泉北郡	堺방적회사중역, 堺신탁회사장	
浅見又蔵	滋賀縣 額田郡	太湖기선회사장	
安藤新太郎	兵庫縣 明石郡	대의사(代議士), 해운업	
沢野貞次郎	兵庫縣 武庫郡	미곡주식중개인	X71
御船綱手	大阪東成郡	화가	
溝渊正気	東京市	도쿄시참사회원, 中外아스팔트회사중역	◎41
宮本 勝	東京市	귀금속상	◎156, X163
清水十二郎	香川縣小豆郡	간장시험소 기사, 공학사(工學士)	
志水 直	東京市	퇴역육군보병대좌	◎53
杉田與之助	大阪市	술 도매상	
西村時彦		아사히신문사	
岡野養之助		아사히신문사	

土屋元作		아사히신문사	
佐藤眞一		아사히신문사	
淸瀨規矩雄		아사히신문사	

『일본신사록(日本紳士錄)』(제15판, 명치 43년)에서 작성. ◎소득세×영업세.
· 본인성명의 기재는 아니지만 동일주소에 같은 성과 다른 이름의 기재가 있는 경우는 친자 · 형제로 추정하고, 기재되어 있는 사람의 납세액을 기입하였다.

전체적으로 서일본 거주자가 많은 것은 지금까지와 같고 나중에 아사히신문사가 회원을 간사이 · 간토의 부로 나누어 편성했던 때에는 간사이부가 33명, 간토부가 19명이 되었다.

직업은 자칭이므로 분류하기 어렵지만 주식중개인 · 각종도매상 · 도매상 등 도시의 상업종사자, 은행관계자, 제조업자가 많았다. 신분 등은 확실하지 않지만 모두 그 회사 · 상점의 소유자 · 경영자층이라고 추정된다. 농업, 어업 관계자는 1명뿐이었다. 의사, 약사, 변호사, 엔지니어, 교원 등의 전문직 종사자가가 4명이었다. 이것도 회원의 도시적 성격을 보여준다. 또 시의회의원, 시참사회원 등 공직자가 7명이나 있었다.

납세액을 알 수 있는 회원은 20명이지만 소득세와 영업세의 합계가 1,000엔을 넘는 사람이 3명이나 있고, 전체를 볼 때도 지난 회와 마찬가지로 상당한 고액납세자가 있었다. 회원의 사회 속성은 제1회와 기본적으로 큰 차이가 있었던 것은 아니고, 도시를 중심으로 하는 부유 유한층 중심이었다.

회원친목회

회원 성명 발표 후 회원들은 정보 교환과 친목을 위해 도쿄 거주자를 중심으로 3월 15일에 친목회를 데이고쿠호텔에서 개최했다. 그

날은 마침 상경 중이었던 간사이 회원도 포함해 20명이 출석하였고, 승선 예정인 치요마루에 미즈노(水野) 총영사 일행이 같이 타는 등 만원이 예상되었다. 그리하여 출석자들은 도요기선회사원으로부터 승선실에 관한 설명을 들었고, 토마스 쿡사 요코하마 지점장, 아사히신문사 사원으로부터는 여정 등에 대한 설명을 들었다. 단 주목되는 것은 출석자가 여정 연장의 '내부결의'를 한 것이다. 이 '내부결의'를 아사히신문사가 받아들여 당초 여정보다 3주간이나 연장하는 것을 결정하여 7월 18일 귀국하는 것으로 변경하였다(3월 26일자 사고).

이러한 움직임에서 보면 회원들이 여행에 대해 매우 의욕적이었으며 더욱이 자신들의 희망으로 여행을 재편하고자 했던 것을 알 수 있다. 재편한 내용은 워싱턴, 보스턴의 방문을 가능하도록 미국 체류를 1주간 늘린 것과 스위스, 이탈리아를 여행하기 위하여 2주를 잡은 것이다. 이 변경에 따라서 제1회 세계일주회의 여정과 거의 같아졌으며 결과적으로는 런던에서의 영일박람회 구경 일수는 약간 단축되었다. 지난 회에도 여행 도중에 회원의 희망에 의해 여정을 변경했지만 이번 회의 경우는 사전에 꽤 큰 변경을 하였던 것이다.

여기에는 주최자와 참가자 사이에 약간의 차이가 보인다. 아시히신문사에 의하면 세계일주회는 어디까지나 미디어 · 이벤트이기 때문에 이번 회는 지난 회와의 차이를 분명히 하고, 참가자뿐만 아니라 일반 독자의 관심을 끄는 여행을 만들 필요가 있었다. 이번 회는 세계의 중심인 런던에서 일본의 국위를 선양하는 장으로 영일박람회 구경을 주된 목적으로 하고, 다른 곳의 구경은 간략하게 구성하였다. 그러나 참가자는 세계 일주에 나가는 것이라면 일수와 비용을 더 들이더라도 여러 명소를 구경하고자 하는 희망이 강해서 그것을 위해서는 영일박람회 구경을 희생시켜도 개의치 않는다고 생각하고 있었던 것 같다. 참가자에 의하면 영일박람회 구경은 세계여행에 대한 계기 혹은 동기부여는 되었으나 일단 세계여행에 나가게 되면 런던에서 일본의 물산 전시를 보는 것보다 여행 그 자체를 즐기려고 하거나 적어도 지난 회와 같은 수준의 여행을 즐기고자 하는 의지가 강해졌다고 할 수 있다.

쾌락으로서의 여행

여기에서 떠오르는 즐거움으로서의 여행이라는 사고방식은 아사히신문사도 인정하게 되었다. 세계일주회의 요코하마 출항 당일인 4월 6일자 『도쿄아사히신문』은 「제2회 세계일주회」라는 사설을 게재하고 "여행은 인생의 하나의 쾌락이다. 그리하여 미지미견(未知未見)의 나라를 둘러본다는 것은 단지 쾌락을 얻는 길일 뿐만 아니라 또 학문상의 이익을 얻는 길이다. (중략) 그렇다고는 해도 너무 어려운 학문상의 이익을 이 짧은 기간의 여행으로 충분히 받아들이려고 하면 오히려 그 때문에 쾌락이 줄어들게 되므로 주로 쾌락을 얻는 것에 집중하여, 그리하여 그 사이에 얻을 수 있는 만큼 신지식을 취할 수 있다"라고 쾌락으로서의 여행을 긍정했다. 그리고 "쾌락만을 목적으로 한 여행은 충분히 가능하다. 영일박람회 구경도 쾌락만을 위한 것으로 이해할 수 있다"라고 서술하였다.

여행의 커다란 동기가 미지미견의 이국을 둘러보는 쾌락에 있다는 것은 새삼스럽게 『아사히신문』에서 설명할 것까지도 없는 것으로 만한순유선과 제1회 세계일주회에 참가했던 많은 사람들이 그러한 사적 동기를 가지고 있었던 것은 명확한 일이다. 그러나 당시에는 매우 많은 비용과 시간을 요하는 해외여행을 쾌락만을 공공연히 내세워 실행하기에는 아직 사회적 합의가 이루어지지 않았다. 그래서 신문의 언설이 해외여행을 사회적으로 의미 있는 것으로서 정당화하고 그것을 바탕으로 여행에 나섰다. 그런데 그 아사히신문사가 영일박람회 구경 등의 목적을 크게 게재하면서 쾌락을 목적으로 하는 여행을 긍정하기 시작함으로써 여행에 관한 인식이 조금씩 바뀌는 조짐이 나타났다고 할 수 있다.

그러나 그것은 아사히신문사나 여행자들이 그때까지 표방해 온 국가주의적 여행 인식이 소멸했던 것은 아니다. 여전히 그와 같은 의식은 널리 존재하고 있었다. 예를 들면『지지신보』는 영일박람회에 나가는 여행자들에게 관광의 의의를 설명하면서도 "우리들이 두려워하는 한 가지는 우리나라에는 옛날부터 여행에서의 수치스러움은 버리라는 속담조차 있는 것처럼 한 걸음 고향을 나서면 언행에 신경 쓰지 않는다"라는 풍조를 경고하였다. 이것은 '한 나라의 체면에 관한 것'이기 때문에 해외여행에 나가는 자는 "일본 국토를 떠남과 동시에 각자 일본의 민간 대사로서 오직 한 마음으로 일본 국민을 대표하는 각오"를 가질 것을 요망한 것이다(社説「外遊者に勧告す」1910년 5월 23일).

세계일주회 출항

4월 2일 세계일주여행회 간사이 회원 27명과 아사히신문사 니시무라 토키쓰네(西村時彦(텐슈 天囚)), 쓰치야 모토사쿠(土屋元作), 오카노 요노스케(岡野養之助)는 고베항에서 치요마루에 승선해 마침내 세계 일주 여행이 출항했다. 이번 회의 승선은 도요기선회사의 치요마루라는 여객선이었다. 도요기선회사는 1896년(명치 29)에 아사노 소이치로(浅野総一郎)가 창립한 기선회사로 1898년(명치 31)부터 샌프란시스코 항로를 열고, 1908년(명치 41)까지는 치요마루 등 14,000톤급의 여객선을 점차 취항시키는 등 니혼유센(日本郵船), 오사카쇼센(大阪商船)을 잇는 기선 회사로 발전하고 있었다. 치요마루는 그 중의 한 척으로 총 톤수 14,000톤, 속력 21노트, 전 회의 몽고리아마루에 비교하면 작지만 그래도 최신의 호화선이었다.

당일 오사카 우메다 역은 아사히신문사 관계자와 회원을 배웅하는 사람들로 몹시 혼잡하였고, 일행은 특별히 증차한 차량에 나눠 타고 고베 산노미야 역으로 향하였다. 메리켄 부두 주변에는 회원과 배웅하는 사람들을 위해서 큰 천막을 친 휴게소가 있었지만 회원 중에는 개인적으로 휴게소를 준비한 사람도 있었다고 하므로 회원의 재력을 살필 수 있다. 일행은 예인선을 타고 앞바다에 정박해 있는 치요마루에 승선하여 저녁 6시에 출항했다.

배는 이틀 뒤인 4일 요코하마에 입항하여 그 곳에서 간토 회원, 간사이 회원 일부, 아사히신문사의 사토 신이치(佐藤真一)가 승선했다. 56명 전원이 빠짐없이 모였다. 출발일인 6일은 청국 친왕 일행까지 동승하여 부두와 선내는 대단히 혼잡했다고 한다. 그 가운데 치요마루는 많은 배웅하는 사람들의 환호 속에 출항했다.

동서의 『아사히신문』은 사진이 들어간 기사에서 일행의 출발을 보도하고, 전도를 축복하는 사설을 게재하였으나 제1회와 비교하면 의욕적이었던 어조는 줄어들었다. 두 번째이므로 주최자 측도 익숙해졌고, 전술한 것 같이 여행에 대한 의식이 약간 바뀐 것도 있기 때문일 것이다.

여행통신

／ 이번 여행에는 4명의 기자가 동행하고 더욱이 미국에서 1명의 기자가 참가하는 것으로 되어 있어서 동행기사는 이전보다 다채로웠다. 가장 많은 기사를 게재했던 사람은 니시무라 텐슈(西村天囚)로 그는 거의 전 일정을 기사화하였고 오카노 요노스케, 사토 신이치가 가끔 기사를 쓰는 형식이었다. 쓰치야는 고베 출항 때 「출발에 임하여」라는 짧은 기사를 게재했을 뿐이었으며, 이번에도 동행 기사는 쓰지 않고 있다. 다만 다른기자의 여행기사에서는 영어에 능한 쓰치야가 여행단 전체의 사무국적인 역할을 다하고 있는 것을 엿볼 수 있다.

일행의 여행 모습은 이들 기사에 의해 자세히 알 수 있다. 기사의 게재는 상당히 늦어서 니시무라 텐슈가 하와이 도착까지의 치요마루의 항해 중의 상황을 기사화 한 「전태평양(前太平洋)(1)」이 『도쿄아사히신문』에 실린 것은 5월 2일인데 일행은 이미 보스턴에 도착해 있었다. 이후에도 약 1개월 가까이 기사가 늦었다. 다만 주요 도시에 도착한 것과 동정에 관한 간략한 기사는 전보에 의해 1일이나 2일 늦게 보도되었던 것은 지난번과 마찬가지였다.

단 이번의 경우 치요마루의 무선전신에 의해 매일매일 해상 항해의 상황이 전해졌다. 제1회 세계일주 때의 몽고리아마루도 무선전신 설비를 갖추고 있었을 것이지만 자유롭게 사용하는 것을 허가하지 않았던 것인지 요코하마 출항 후는 전신기사가 없었고, 하와이에서 보낸 전보를 통해 겨우 도착을 보도한 것을 보면, 이번 여행은 항해 중의 동향까지 전해졌기 때문에 속보성은 상당히 향상된 것을 알 수 있다. 예를 들면 4월 9일자의 『도쿄아사히신문』에는 「치요마루 무선전신」으로 8일 오후 6시 37분 오치시(落石) 무선전신국 발신의 치요마루 제1보가 기사로 게재되었다. 이것은 약 288자의 기사로 치요마루의 현재 정박지와 기후 등을 보도한 후 회원이 배 안의 생활에도 익숙해져 항해를 즐기고 있으며 아사히신문사에서 보낸 무선전신을 곧바로 인쇄해서 회원에게 배포하고, 쓰치야가 그것을 영어로 번역해서 회원 외의 외국인 선객에게까지 나누어주고 있는 것 등을 전하였다.

무선전신의 상황은 니시무라 텐슈의 기사 「전태평양(3)」에도 자세하게 나타난다. 다소 길지만 당시의 선박 무선의 상황을 알 수 있기 때문에 인용해 두자.

> 무성으로 듣고 무형을 봄은 동양이학의 고담중론뿐이라고 생각하지만 지금 천리가 떨어진 바다 위에 있으면서도 매일 육지의 일들을 들을 수 있다는 것은 참으

로 고마운 천황의 치세이다. 우리 치요마루는 6일 오후 5시 쵸시(銚子) 무선 전신국 권내에 들어선 이후 1,450리를 항해한 10일 오후 12시에 이르기까지 수신, 발신이 모두 자유로워 고향의 가족이나 친구와 통신을 교환하였다. 배 안에서는 매일 『토요일보』라는 영문판 소신문을 발행하여 선객이 볼 수 있도록 제공하였고, 우리 아사히신문으로부터 세계일주회를 위해 보내온 중요한 사건은 아사히신문 특전으로 일문과 영문으로 번역·게재되었다. 회원이 받은 무선전신 중에는 하이쿠(俳句)도 있고 만담도 있다. 천리를 떨어져 있어도 서로 같은 생각을 할 수 있다는 것은 무한한 문명의 혜택이다. 배 안의 무선국원이 이야기한 바에 따르면 일본으로부터의 수신은 145통, 본선으로부터의 발신은 240여 통에 이른다고 했다. 그리하여 사바세계와의 교통이 끊어진 것은 11, 12, 후(後)12, 13일의 4일간에 지나지 않았고 14일 밤부터는 다시 호놀룰루와의 통신을 시작하였다. 하와이 무선국은 샌프란시스코 방면에 위치하여 호놀룰루와 샌프란시스코 사이의 유효거리는 1,400해리이지만 일본 항로 방면의 유효거리는 통상 일천 해리로 간주한다. 그러나 13일의 밤은 전파방해로 통신이 불가능해졌고 또 하와이국은 야간 8시부터 11시경까지 운영하여 14일 밤부터 하와이와의 무선전신을 개시하게 되었다.

이것에 따르면 일본과 하와이 각각의 무선 유효거리가 미치지 않는 태평양 한가운데 해역 이외는 승객들이 자유롭게 발신과 수신을 하였고, 가족과도 통신 교환이 가능했으며 최신 뉴스도 읽을 수 있었던 것이다.

미국 여행

일행은 하와이를 거쳐 4월 22일에 샌프란시스코에 도착했다. 솔트레이크시티, 시카고, 나이아가라 폭포, 보스턴, 필라델피아, 워싱턴, 뉴욕과 미국 각지를 차례로 방문했다. 제1회 여행회와 거의 똑같은 여정이었다.

이 여행 모습을 전하는 니시무라 텐슈 등 동행기자의 여행기사에서는 전회보다 훨씬 여유를 가진 기분으로 여행하고 있는 모습을 살필 수 있다.

이것은 지난번의 동행기자 스기무라 소진칸과 이번의 니시무라 텐슈의 개성이 다르다는 측면도 없지 않다. 동행기자 쓰치야는 두 번째 여행으로 익숙해 있었고, 토마스 국사도 2년 전의 여행에서 일본인 관광객을 대하는 것에 익숙해진 점도 있을 것이다. 그러나 단지 익숙함의 문제뿐만 아니라 기자와 여행자들이 지난번만큼 허세의식을 가지지 않았던 것으로 생각할 수 있다.

그것은 이번 여행기사 중에는 미국인이 보는 자기를 의식하는 장면이 적고, 보이는 자기를 의식한다고 하여도 지난번과는 상당히 다른 것과 관련되어 있을 것이다. 예를 들면 일행은 샌프란시스코에서 11대의 자동차에 나눠 타고 시내를 구경했지만 이것은 자동차 자체가 아직 아주 진귀했던 당시 호화스러운 여행 기분을 만끽하게 하는 기획이었다. 제1회 때에도 완전히 같은 기획으로 시내를 구경했었다. 제1회 여행기에서는 그 체험이 다음과 같이 묘사되었다. "일본에서도 이 정도의 많은 인원의 세계일주대를 낼 수 있을까를 의심하는 것처럼 보인다. 우리 일주대가 일본의 중요성을 더하는 것이 어느 정도인가". 일행이 시내를 자동차로 연달아 질주하는 것은 일본의 국위를 과시하는 것과 같은 기세로 또 미국인이 그렇게 보고 있을 것이라는 기대로 자신을 의식하고 있었다. 그러나 이번의 장면은 "길을 가는 사람 모두 뒤돌아본다. 황색 신사의 위풍에 기가 막히다(天因, 「觀風 第1步」)"로 역시 미국인으로부터 보여지는 것을 의식은 하고 있지만 가벼운 해학을 섞어 보여지고 있는 자신을 묘사하고, 일본의 국위를 짊어지고 있다라는 기세는 약해져 있었던 것이다.

해외여행에 대한 의식은 조금 변했다. 하나는 주최하는 아사히신문사가 쾌락으로서의 여행이라고 하기 시작하고 있듯이 국위를 짊어지고 해외로 나선다는 의식이 조금 약해졌다. 또 하나는 신흥제국이라고 자부하면서도 그렇게 보여질 것인가 아닌가에 대한 불안이라는 자의식이 서양인의 시선에 대한 과민함을 만들어왔지만 지난번의 세계일주 체험 등에서 자신들이 서양사회에서 받아들여지고 있다는 자신을 가질 수 있게 된 것이다. 그럼에도 불구하고 서양인이 내심으로는 어떻게 보고 있을지에 대한 불안이 항상 존재하고 있지만 적어도 표면적으로는 극진하게 대접해 주는 것을 안 것만으로도 서양인의 시선에 대한 과민함이 줄어들었던 것이다.

매너리즘화된 이벤트

/ 일행의 여행 그 자체는 이렇다 할 큰 사고 없이 순조로웠다. 5월 7일에는 백악관을 방문하여 태프트 대통령을 면회할 기회를 얻었다. 제1회 때에도 당시의 루스벨트 대통령을 면담하여 여행의 하이라이트가 되었지만 이번도 민간인 관광여행단이 미국 대통령을 면담한 것이기 때문에 여행자들에게는 여행 중에서 가장 화려한 장면이었다. 다만 이번 대통령 면담은 대통령이 미국 각지로부터 다양한 면회인 등을 만나는 장에 관광단도 참가한 형식이어서 지난번처럼 여유 있게 대통령과 이야기할 수는 없었다.

여행이 순조롭게 진행된다는 것은 주최자인 아사히신문사 또는 여행자들에게 바람직한 것은 물론이었지만 반면 여행기를 지면으로 읽는 일반 독자에게는 재미가 부족한 부분이 있었다. 제1회 때는 세계일주 그 자체가 전대미문의 대담한 여행으로서 사람들의 관심을 끌었지만 제2회는 재탕이라고 하는 인상을 면할 수 없었다. 더욱이 여정은 제1회와 거의 같아서 독자의 입장에서 보면 신선미가 없었다. 또 전년에는 야부노 무큐주의 세계일주기 「세계견물」도 연재되고 있었기 때문에 독자는 같은 세계일주 여행기를 몇 번이나 읽는 것이 되었다.

미디어 · 이벤트는 신기함을 통해 독자의 관심을 끌고 그것으로 신문발행부수 확대나 신문의 평가를 높이려는 것이므로 여행회에 일정수의 참가자가 있고 여행이 원만하게 진행되는 것만으로는 성공이라고 말할 수 없었다. 거기에서 다소 매너리즘화했던 세계일주 기사에 활기를 줄 것으로 기대된 것이 당초 여행 목적이었던 영일박람회 구경이었다.

영일박람회 체험

영일박람회의 경위

영일박람회(The Japan-British Exhibition)는 1910년(명치 43) 5월 14일부터 10월 29일까지 영국 런던에서 개최되었다. 하필 그때 영국 황제 에드워드 7세가 5월 6일에 서거함에 따라 개최연기설도 나왔지만 결국 개회식 없이 예정대로 개최되었다.

영일박람회라는 명칭에서 오해받기 쉽지만 이것은 일본 정부와 영국 정부가 공동으로 주최했던 박람회는 아니었고, 헝가리계 유대인 흥행사 임레 키랄피(Imre Kiralfy)의 기획에 일본 정부가 참여한 형태로 열린 것이었다. 키랄피는 19세기 말 영국의 이러저러한 구경거리의 흥행에 관련되어 1895년에는 런던박람회 회사(London Exhibition Ltd.)를 설립하고, 박람회를 상업적인 구경거리 흥행으로서 사업화하였다. 그는 화이트 시티(White city)라 칭한 박람회장을 중심으로 인도제국박람회(1895), 대영제국박람회(1899), 영불박람회(1908) 등을 차례차례 개최하여 일정한 성공을 거두었다. 그의 박람회의 한 가지 테마는 '제국'에 있으며, 거기에서 영국과 동맹

관계를 갖는 동양의 신흥제국 일본의 박람회라는 발상이 나왔다고 여겨진다(Ayako Hotta-Lister, *The Japan-British Exhibition of 1910, Gateway to the Island Empire of the East*, London, 1999).

영일박람회 개최에 이르기까지의 경위에 대해 상술할 지면은 없지만 키랄피가 1908년 5월 영불박람회 개회에 앞서서 영불박람회 종료 다음 해인 1909년에 그 회장 시설을 이용해서 영일박람회를 개최할 것을 당시의 주영대사 고무라 쥬타로(小村寿太郎)에게 제안했던 것이 계기였다. 고무라는 1912년(명치 45)에 도쿄에 대박람회를 개최할 계획이 있으나 재정난 등을 이유로 곤란하다는 뜻으로 일단 회답했다가 영불박람회 회장시설을 이용할 수 있다면 비교적 저렴하게 박람회를 개최할 수 있다라는 판단을 본국정부에 전달했다(「日英博覽會計劃ノ概要」, 「英京倫敦ニ於ケル日英博覽會開催一件」(1), 外交史料館所藏). 당시 일본에서는 러일전쟁 후 국력의 부흥을 내외에 보이는 이벤트로서 박람회 개최의 움직임이 있었으며, 그 메인 이벤트로서 1912년(명치 45)을 기하여 도쿄에서 대박람회를 개최한다는 계획이었다. 이는 1906년(명치 39) 8월의 각의에서 결정을 보았다. 그러나 재정난 때문에 1908년(명치 41) 9월 예정되었던 것을 1917년(명치 50)으로 연기하였다.

키랄피의 제안이 있었던 시기는 마침 대박람회를 먼저 하는 것이 이상하던 시기였다. 일본 정부는 박람회 개최를 희망하면서도 재정문제나 키랄피 제안의 신뢰성에 의문을 가지고 주저하였다가 미국이나 러시아와의 교섭을 슬쩍 들어보이는 키랄피의 교섭술에 말려든 것도 있어 다시 영일동맹의 기초를 강고히 한다는 '정치상의 견지'를 우선시해서 개최를 단행했던 것이다(在歐州各大使宛「日英博覽會ニ關スル件」, 앞의 책, 「英京倫敦ニ於ケル日英博覽會開催一件」(1)). 1909년의 개최는 일정상 무리였지만 다음해인 1910년 5월 1일 개최 예정이라는 것으로 1909년 3월 31일 일본 정부와 키랄피의 영일박람회 회사 사이에서 계약이 체결되었다. 계약에 의하면 일본정부는 회장비용 등과는 별도로 박람회 회사에 5만 파운드의 교부금을 지급하게 되었다(앞의 책, 「英京倫敦ニ於ケル日英博覽會開催一件」(1)).

나중에 일본의 신문 등이 비판하듯이 영국 흥행사의 영업정책에 일본정부가 속아 참가하게 되었다는 측면이 있었던 것이었다. 그러나 키랄피의 뻔히 들여다보이는 영업정책에 일본 정부가 참여한 것은 당시의 국제정세 속에서 무엇인가 일본의 지위를 높이고 안정시키고자 하는 일본 측의 바람이 있었기 때문이었다. 한편으로는 일본은 영국과 영일동맹을 맺고 러일전쟁에 승리해 서양 열강과 어깨를 나란히 하게 되었다고 자부하지만 다른 한편으로는 황화론(黃禍論)과 같은 일본 경계론 혹은 일본의 군사력만을 평가하고 문화 등을 멸시하는 견해가 횡행하고 있었다(황화론에 대해서는 橋川文三, 『黃禍物語』, 筑摩書房, 1973 참조). 적어도 일본 측은 자신의 국제적 평가에 대해 그렇게 인식하고 있었다. 그러므로 무엇인가 일본에 대한 '정당한' 이해를 얻으려고 하는 생각이 강했던 것이다.

정부만이 아니라 민간에서도 같은 생각이 주장되었다. 『오사카아사히신문』 1910년 1월 23일자 사설 「일본선전의 필요」는 해외에 여행하는 일본인이 통감하는 것은 "그들 외국 인민이 우리 일본의 사정에 어둡다는 것이다. 그들이 상상하는 일본은 '기모노'와 인력거와 양산의 일본이다. 때로는 촘마게(丁髷)의 일본이다"라고 하여 그 원인의 한 가지가 소위 '미카도' 극[21]에 있다고 개탄하였다. 그리고 "우리가 외국의 길을 걸을 때 유심히 우리의 얼굴을 바라보는 그들의 눈에 일종의 말할 수 없는 불손한 기색이 포함되어 있다. 우리의 불쾌감은 실로 참을 수 없다"는 외국인의 시선에 자존심이 상처받은 심정을 서술하고 있다. 다만 '기모노'와 인력거라는 일본의 이미지를 만든 것은 반드시 '미카도' 극뿐만은 아니고 전술했듯이 방일한 미국

---

[21] 1885년 영국 런던에서 개최되었던 일본박람회에서 초연된 喜歌劇이다. 미카도(帝)란 황제, 황실이나 궁중 조정을 뜻하는 단어이지만 미카도극은 상류사회와 지배계급을 신랄하게 비판하여 인기를 얻었다.

인 관광단을 그러한 방식으로 환영하는 것이 확산되었다. 거기에 당시 일본의 굴절된 상황이 있었던 것이지만 그런 것은 차치하고서라도 『오사카아사히신문』 사설은 이러한 몰이해를 시정하기 위해 '진정한 일본'을 알려주는 '일종의 교육적 선교사'의 파견을 제안함과 동시에 만국박람회 등을 적극적으로 이용할 것을 주장하였다.

일본의 전시방침

이 영일박람회에 일본 정부는 무엇을 어떻게 보여주려고 했던 것일까. 1909년(명치 42) 4월 24일의 영일박람회 평의회 제1회 총회에서 오우라 가네타케(大浦兼武) 총재(농상무대신)는 박람회의 경영방침에 대하여 다음과 같이 연설하였다. "경영방침에 대해서도 또한 종래 우리나라가 만국박람회에 함께 참여했던 경우와 스스로 취지를 달리할 수 없다. 즉 현재의 우리 문화, 부원 및 산업의 상태를 전시하고 이에 따라 통상무역의 확장에 도움이 되도록 크게 힘을 미쳐야 함은 물론 특히 우리 문교의 연혁, 고미술, 각 산업의 발달, 병제, 교통, 기타 제도의 연혁 및 풍속의 변천에 관한 역사적 전시물을 출품하고, 우리 국운 발전의 유래 연원을 현창하고 양국 간에 종래 존재한 변하지 않는 화친을 점점 깊고 두텁게 해서 확실하게 하는 것에 힘씀을 기한다(『時事新報』 1909년 4월 25일)".

요컨대 종래의 만국박람회 참가와는 다르게 통상무역의 확대를 목적으로 했던 일본의 산업제품을 전시할 뿐만 아니라 일본의 문교, 고미술, 제도 등 역사적인 전시를 행하고, 현재 일본 발전의 필연성을 보이고자 했던 것이다. 일본 측이 이러한 방침을 가진 것은 이 박람회는 영일동맹을 맺은 파트너인 영국에서 개최되어 영국인에게 일본을 보여주는 것을 주된 목적으로 했던 것이기 때문이다. 거기에다 일본의 물산을 소개해서 통상무역 확대를 지향하는 것도 물론이거니와 정치적, 문화적인 제휴를 한층 강고히 하기 위해 영국인에게 일본의 문화, 역사를 이해시키는 것이 중시되었기 때문이었던 것이다.

회장과 전시품

영일박람회의 회장은 런던 서쪽 근교의 셰퍼드 부시(Shepherd's Bush)로 영불박람회의 회장, 시설을 그대로 계승했다. 부지 총 면적은 16만 8천 평, 대진열관 20동, 건평 약 2만 7,670평, 그 중 일본의 진열구역이 된 것은 대진열관 9동 약 6,741평이었다. 지금까지 일본이 참가했던 만국박람회에서 할당받은 구역보다는 확실히 광대한 구역에서 전시가 이루어지게 된 것이다.

박람회 사무국은 굉장히 많은 전시품을 수집하였지만 그것들은 관청, 지정, 보통, 여성, 고미술, 신미술, 풍속의 7종으로 분류되었다. 각각의 출품점수는 다음의 〈표 8〉과 같다.

〈표 8〉 영일박람회에 출품된 일본의 전시물

	전시품 수 (점)	출품자 수 (명)	진열구역 (평)
관청출품	607	16	
지정출품	12,055	651	2,662
보통출품	19,703	1,269	2,394
자영출품	567	41	
부인출품	430	93	54
고미술	1,154	119	375
신미술	240	113	420
풍속관계	불명		

〈그림 5〉 영일박람회 회장(마이니치신문사 제공)

〈그림 6〉 박람회 일본부의 대문 정면

그 외 710평의 매점, 10만 엔의 비용이 들었다는 일본식 정원 2개소 등 합계 5,670평이 설치되었다. 정원 안에는 찻집이 수 개소 설치되었고, 녹차 서비스를 하였다. 여흥으로는 육군 군악대 34명, 스모나 곡예(軽業) 등의 광대(芸人) 156명이 파견되었고, 또한 당시 '생번'이라 불린 대만의 고산족 24명, 홋카이도의 아이누 10명을 구경거리로 전시하였다(「日英博覽會前記」, 『太陽』 16卷9号, 1910년 6월 15일).

이로부터 알 수 있듯이 출품점수로 가장 많은 것은 보통출품, 자영출품이었다. 전시물은 사전에 출품이 허가된 품종을 정하고, 각 생산자가 임의로 출품한 물품을 감정하여 합격한 것이었다. 그 중 자영상품은 출품자가 자신의 설계 장식으로 전시하는 자유를 인정받았는데, 미쓰이 물산(三井物産), 니혼유센(日本郵船), 교토협찬회(京都協賛会), 타카시마야(高島屋) 등의 대회사, 대상점 41개 조가 이 분류를 이용하여 출품하였다. 또한 지정물품은 박람회 사무국이 전국의 대표적인 상품을 지정하여 출품시켰는데, 관청출품과 합쳐서 이것이 사실상 일본정부의 출품으로 진열구역도 가장 넓고 대규모로 전시되었다.

또한 특별히 부인출품이라 불리는 부문이 설치된 것은 주목된다. 이는 "유럽에서의 일본 연구는 해마다 세밀하고 정밀하게 진행되었다 하더라도 사교적이 되지 못하고 가정적이다. 정적으로서 동적이지 않은 일본 여성은 그들로서는 미지수였으며, 따라서 많은 호기심을 갖거나 의혹의 유무, 이의 결함을 메우기" 위해서 특별히 설치되었다고 한다(앞의 책, 「日英博覽會前記」). 구체적으로는 일본의 여성 상태를 설명하는 각종 통계, 여성의 풍속습관, 교육, 자선사업 등에 대한 설명, 여성의 제작품 등이 전시되었다. 그러므로 이 부문의 설치 의도가 일본이 서양과 나란한 문명국임을 보여주기 위했던 것임은 명확하다.

전시의 모습

각 전시관의 전시 내용에 대해 상세하게 서술할 수는 없지만 주요한 부분만 소개하면 입구를 들어서면 우선 시선을 끄는 것은 주황색을 칠한 쇠장식의 오토리(大鳥)이다. 그 밑을 지나가면 벽지에 삼목(杉木)이 그려져 있고, 목골에 종이를 바른 가스가 도로(春日燈籠)가 좌우 20대씩 나란히 있고, 그 사이에는 모조 사슴이 놓여 있어 가스카신사(春日神社)[22] 앞처럼 장식되어 있었다. 또 돌계단을 오르면 그 곳에 가스카신사 사쿠라몬(樓門)이 실물 크기의 모형으로 있고, 편액에는 'Japan'이라고 쓰여 있었다. 이 사쿠라 문 밑을 지나서 안으로 들어가면 좌우로 넓은 방이 있고 진무천황(神武天皇)으로부터 히비야공원(日比谷公園) 영일동맹 축하회에 이르기까지의 일본 역사가 인형을 사용하여 전시되어 있다. 인형의 의복이나 미술공예품은 상당히 시대를 살린 것 같지만 이것은 "우리 문교(文教)의 연혁, 고미술, 각 산업의 발달, 병제, 교통 기타 제제도의 연혁 및 풍속의 변천에 관한 역사적 의미가 있는 것을 출품하고, 우리 국운 발전의 유래 연혁을 현창"한다는 박람회 전체의 목적을 전형적으로 구체화하는 전시로서 힘을 쓴 것이었다. 또 일본 각 부현의 공예미술품 등의 전시를 차례로 보고 가는 구성으로 되어 있던 것 같지만 만주조선부, 대만부라는 구역도 있어 각각의 특산품과 풍경사진을 전시하였다.

이러한 전시에서 살필 수 있는 것은 이면적인 자기 제시이다. 한편에서는 일본의 독자성의 주장이 있었다. 일본은 고대부터 현대에 이르기까지 독자적인 역사를 갖고, 독자적인 문화를 형성해 온 것을 다양한 형식으로 보이려고 하였다. 하지만 다른 한편에서는 일본이 보편적인 근대성을 가

22) 일본 나라 현 나라 시에 있는 신사로, 1946년에 가스가타이샤(春日大社)로 개칭하였다. 후지와라 씨의 신사로 신사 내부에 많은 청동등과 석등이 달려 있는 것으로 유명하다. 가스카타이샤로 들어가는 길은 사슴 공원을 통과하고 길옆으로 수천 개의 석등이 놓여 있다.

지고 있다는 것을 주장하고자 하였다. 특히 대영제국에는 미치지 못한다고 해도 일본이 지금은 몇 군데의 식민지를 둔 제국이며, 영국의 파트너로 어울린다는 것을 보이려고 한 것이다.

여기에서 독자성의 주장과 보편성의 주장이란 본래 갈등을 내포한 긴장관계에 있다고 할 수 있다. 경우에 따라서는 영국 혹은 서양의 제국주의를 상대화하는 방향으로 향한 것도 있을 것이고 또한 다른 경우에는 일본이라는 자기 자신에 대한 되물음도 있다. 그러나 박람회의 전시는 어느 쪽으로도 향하지 않았다. 오히려 독자성 · 보편성의 각각의 자기 주장 배후에 대영제국의 시선에 대해 아양을 떠는 모습이 보인다. 예를 들면 인형이나 미술공예품을 이용한 에도시대의 사회 · 풍속의 전시는 "우리 국운 발전의 유래 연혁을 현창"한다는 독자성의 주장이지만 그 배후에 있는 것은 영국인 관객 시선의 객체인 자신을 의식하고 그 엑소티시즘(exoticism)에 영합하는 태도였다. 또 '현대' 코너에서는 "양장한 일본 남녀와 해군복을 착용한 영국 사관이 함께 경건한 모습으로 마루노우치(丸ノ內) 궁성을 배관하"는 광경이 그려져 있었다(『時事新報』 4월 18일). 이것은 일본의 근대화와 영일의 대등한 파트너를 상징하는 것이지만 그 배후에는 이러한 광경의 실현을 원하는 일본의 열등감을 살필 수 있다. 독자성과 보편성의 주장은 영국의 시선에 대한 순종적인 아부를 바닥에 감추었고, 그런 까닭에 양자는 특별한 갈등도 없이 병존하였던 것이다.

영국부의 전시

일본의 전시에 대한 영국의 전시는 어떠했을까. 영국 측은 총 11동에서 전시할 예정이었는데, 특히 런던 지하철 차량의 실물 전시 등 영국 공업력의 정수를 보이는 것으로 되어 있었다. 그 외에 미술품이나 고래로부터의 전시품 등의 전시도 계획되어 있었다. 그러나 실제로는 그

대부분이 개장 시간에 맞추지 못하였고, 정비되는 것은 1개월 후로 추정되는 형편이었다.

영국의 신문도 영불박람회 등과 비교해서도 "영국 측의 출품은 조금도 활기가 없다"고 인정할 정도였다. 영국 측의 박람회 명예 총재에는 코넛(Duke of Connaught) 왕자, 총재에는 노퍽(Duke of Norfolk) 공작 등 저명인이 이름을 올렸지만 실제로 책임지고 관리하고 있었던 사람은 키랄피의 영일박람회 회사로 영국 기업의 입장에서는 잇달아 개최된 박람회로 인하여 영일박람회에 대해서는 그다지 열의는 없었던 것이다. 하지만 영국부의 전시가 대폭 늦어져 활기가 없었던 박람회의 상태는 일본 측의 자존심을 손상시켰던 것은 틀림없다.

일본인은 영일박람회를 어떻게 보았는가

이 영일박람회의 전시가 어떻게 보였는지가 문제이다. 영국인이 어떻게 보았는가도 흥미 깊은 문제이지만 여기에서는 일본인이 어떻게 보았는가가 주된 관심이다.

일본인에게 영일박람회는 굴절을 수반한 체험이었다고 할 수 있다. 우선 박람회 그 자체는 적극적인 자기표현이었고, 일본인은 자신을 보여주기 위해서 영국인 시선의 끝에 자신을 인식시켰다. 다만 박람회의 전시를 실제로 연출했던 것은 박람회 사무국이나 출품업자였기 때문에 일본인 관광객은 그것과는 다소 거리를 두고 보게 된다. 영국인에게 자신을 보여주는 일본을 제3자로 보았다고도 말할 수 있다. 그러나 영국인에게 보여주는 것은 일본이므로 완전한 의미의 제3자로는 성립되지 않고 오히려 박람회의 전시는 일본이라는 자신을 비추는 거울이었다. 그리고 거기에 비치는 자기상에 만족하든지 혹은 그 왜곡됨에 분개하든지 하는 반응이 생겨났던 것이다.

더욱이 단순히 거울에 비친 일본상에 왜곡이 있는가 없는가라는 것뿐만 아니라 영국에서 하는 일본의 전시이기 때문에 영국인이 일본상을 어떻게 보고 있는가를 의식하지 않을 수 없었다. 그로 인해 박람회에 비친 자기상에 대해 한층 과민해졌다. 지금까지 서술했듯이 보는 주체임과 동시에 보여지는 객체인 관계는 서양에 대한 관광여행에서 끊임없이 발생하는 일이었지만 영일박람회에서는 한층 더 첨예하게 나타났던 것이다.

그러나 유감스럽게도 세계일주회 회원이 영일박람회를 본 체험에 대한 기록은 남아있지 않다. 여행회에 동행했던 니시무라 텐슈도 영일박람회 관계의 견문기는 특파된 하세가와 니요제칸(長谷川如是閑)에게 맡김으로써 기사를 쓰지 않았다. 그러나 아사히신문사의 하세가와 니요제칸, 지지신보사의 가메이(龜井陵)·하마다(浜田精藏), 고쿠민신문사의 다테 겐이치로(伊達源一郎) 등 각사에서 영일박람회 취재를 위해 파견된 기자가 각각의 견문기를 발표하였다. 기자들은 국제사회에서 일본의 위치, 영일 관계 등에 관해 관광객보다 강하게 의식하고 있었기 때문에 그들의 박람회 견문기에서는 전술한 바와 같은 굴절이 보다 첨예하게 나타날 가능성이 있었으나 일반 관광객의 의식과 동떨어진 것은 아니었을 것이다. 따라서 여기에서는 기자들의 박람회 견문기, 특히 세계일주회를 주최했던 아사히신문사의 특파원이었던 하세가와 니요제칸의 박람회 견문기를 중심으로 일본인이 영일박람회에서 본 것을 생각해 보자.

박람회의 호황

아사히신문사에서 런던에 특파되었던 하세가와 니요제칸은 영일박람회와 마침 같은 시기에 있었던 영국 황제 인산에 대해 왕성하게 기사를 써서 「런던까지」·「들은 영일박, 본 영일박」·「영국 황제 붕어 다음날 아침」·「영국 황제 영구 안치식」·「영일박람회」·「인산 배관」·「영일박의 영국부」·「영일박 소식」이라는 연재기사를 동서의 『아사히신문』에 게재했다. 이외에도 몇 개의 단신 기사를 실었다. 또 귀국 후 1911년 3월부터 5월에 걸쳐 「런던! 런던?」이라는 기행문을 연재하고 이것과 앞 기사의 영일박람회 관계기사를 제외한 것을 합쳐서 단행본 『런던! 런던?』으로 세이쿄샤(政教社)에서 1912년에 출판하였다.

영일박람회 관계의 기사 가운데 「들은 영일박, 본 영일박」은 개장 전의 분위기에 대한 보도, 「영일박람회」·「영일박람의 영국부」는 개장 후의 회장이나 전시를 소개했던 기사로 비교적 객관적으로 기술되었으며, 니요제칸의 감상이나 의견은 거의 없다. 이에 대해 「영일박 소식」은 영일박람회의 모양의 대강을 독자에게 보고한 후 박람회 견문을 정리한 기사로 니요제칸의 감상 등이 쓰여 있다. 그러한 것에서 살필 수 있는 것은 그가 영일박람회가 성황리에 많은 관객을 모은 것에 안심하고 만족했다는 것이다. 그는 박람회가 기본적으로는 성공했다고 평가하였다. 다른 신문사 기자도 영일박람회는 대체적으로 성공했다고 평가했던 것 같다. 적어도 이것을 실패로 보거나 부정적으로 평가한 기사는 없다. 예를 들면 『지지신보』의 사설 「영일박 호황」(6월 23일)은 "있는 그대로 말하면 이 박람회의 동기는 대단히 얼토당토않은 것이다. 그것은 특파원의 통신에도 있는 것처럼 어떤 흥행사의 손에 놀아나 일본정부도 당했구나라고 보는 사람도 있다". 또 "이름은 영일이지만 그 실제는 일본박람회 같은 느낌을 주는 것은 어쩔 수 없는 상황"이긴 했지만 어쨌든 박람회가 성황인 것은 축하할 만한 일이었다. 이러한 것이 당시 일반적인 평가였다.

'작고 아름다운 나라'

하세가와 니요제칸도 기본적으로는 이와 같은 평

가를 하였으나 전시 중에서 두 가지 점이 그의 의식에 거슬렀다. 하나는 박람회의 전시가 영국인에게 '일본을 작고 아름다운 나라'라는 인상을 주었던 것이고, 또 하나는 박람회의 여흥으로 아이누와 대만의 고산족이 전시되었던 것이었다.

니요제칸은 「영일박 소식」(2)(『東京朝日新聞』 7월 6일)에서 박람회의 전시에 대해 다음과 같이 쓰고 있다. "영일박람회의 눈에 띄는 전시물 대부분은 수공품으로 다소 규모가 광대한 기계공업에 관한 전시물에는 소수 유식자 외에는 거의 서양인의 눈을 끄는 것도 없고, 거의 주의해서 보지도 않았다. 따라서 이 박람회 때문에 다수의 수공품을 보고 일본을 작고 아름다운 나라로 생각하는 견해가 점점 커지는 경향이 있는 것은 조금 화가 난다". 전술했듯이 박람회 전시의 주안점을 '우리 국운 발전의 유래 연원'을 보이는 것에 두었기 때문에 현재의 공업제품보다 전통적인 미술공예의 전시가 많았겠지만 그것이 니요제칸의 입장에서 보면 불만이었던 것이다. 영국 지식층은 일본의 공업화에 대해 이해하겠지만 일반 서민층은 일본이라 하면 '작고 아름다운 나라'라고 굳게 믿고 있는데, 박람회 전시의 대부분이 '수공품'이었던 탓에 그것이 아무리 정교하고 미적인 것이더라도 오히려 '작고 아름다운 나라'라는 인상을 더 강화하는 결과가 되어버렸다고 하는 것이다.

더욱이 그는 "일본 문명이 이탈리아나 스위스나 모나코처럼 골동품 · 풍경 · 정교한 세공 · 방원(芳園)에 한정된 것처럼 생각되어서는 일본의 장래로 보아 상당히 위태로울 우려가 있어 이 이상의 피해가 없을 것이다"라고 한탄하였다. 말할 것도 없이 니요제칸은 영국인이 어떻게 볼 것인가를 상상해서 화를 낸 것이다. 그럼에도 불구하고 그가 전시가 거짓말이라고 말한 것은 아니다. 정교한 수공품은 확실히 일본의 것이고, 그것은 일본의 현실을 반영하는 거울이었다. 그러나 거기에 반영된 '작고 아름다운 나라'라는 자기상에 조바심을 내었던 것이다.

그리고 니요제칸은 영국의 신문『데일리 크로니클(Daily Chronicle)』에 게재된 일본 관광에 대한 혹평을 인용하였다. 이 기사를 쓴 기자는 일본은 아름다운 나라라고 생각하고 가보면 그다지 아름답지 않고, 저런 풍경 정도라면 어디에든 있을 것이다라고 비판했다고 한다. 그런데 니요제칸은 이 혹평에 찬성하였다. "소생은 오히려 이 혹평에 찬성하고 싶습니다. 모든 서양인이 이와 같이 일본을 해석하는 데 이르러서야 비로소 일본인 자신도 이 녀석은 호남자 하나만 가지고는 좇아갈 수 없는 부족한 남자라는 것을 깨달을 것이고, 진정한 일본인의 가치를 외국인에게 알리는 일에 노력해야만 된다고 생각합니다". 이것은 굴절된 변명이다. 영국인이 일본을 아름다운 나라는 아니라고 혹평하는 것을 받아들이고 비로소 일본인은 '작고 아름다운 나라'라는 자기만족에서 깨어나 '진정한 일본인'을 외국인에게 알리려고 노력하게 된다는 것이다. 확실히 전시회에서 일본문화의 독자성을 보여주려고 한다는 것과 서양인이 기대하는 '작고 아름다운 나라'라는 전시로 흘러가 버리고 만 것은 일본인 중에 서양인의 시선에 영합하여 '작고 아름다운 나라'인 것에 대해 자기만족 하는 사람이 있다는 니요제칸의 날카로운 지적과 같다. 하지만 현실의 일본인 것을 알면서 그것을 솔직하게 인정하고 싶지 않다라고 하는 것에서 니요제칸의 끝없는 이 시기의 굴절된 의식을 살필 수 있는 것이다.

일본촌

/ 그것은 다른 신문 기자의 일본촌에 대한 감상에서도 볼 수 있다. 일본촌이란 회장의 한쪽을 나누어 "산뜻하고 우아한 우리 전원의 진경"을 보이고자 하는 것으로 "모옥(茅屋)의 농가를 중심으로 집 밖의 시냇물에 물레방아가 있고, 여기에 놓인 나무다리" 등을 설치하고, 그 가운데 농민 가족으로 분한 사람이 짚신 만들기 등을 실연해 보이는 전시였다.

농부 역에는 "모습 · 의상 등은 반드시 실의 것들과 같음을 요하지 않으며, 가장 이상적이고 적절한 것을 선택하라"고 지시하여 "전반적인 설계는 당국 사람의 심미 관념에 호소하는 취향이어야 된다"라고 하는 의도 아래에 일본 측에서도 상당히 심혈을 기울였다(和田彦次郎宛陸奥広吉報告書「英京倫敦二於ケル日英博覽會開催一件」(二) 수록).

주최자 측은 이것을 '시적 일본'이라고 선전하고 관객은 그 수공업의 모습에서 호기심을 자극받았다고 한다. 그러나 이것이 일본인에게는 불만이었다. 『지지신보』의 기자 하마다 세이조(浜田精藏)는 박람회 손님 끌기를 위한 '인간 구경거리'라든가 "말레이반도의 민가에 가서 기묘한 생활 상태를 보았을 때와 같은 기분이 듭니다", "자신의 형제와 같은 사람들이 외국까지 구경거리로 끌려온 것인가라고 생각하면 보아도 유쾌한 기분이 일어나지 않는다"라는 일본인의 감상을 전하여 당국자의 주의를 환기시켰다(『時事新報』 6월 23일).

이 전시도 그 수준은 어쨌든 간에 결코 거짓된 일본농가의 모습은 아니었다. 오히려 일본 측으로서는 의도한대로 '이상적이고 적절'한 일본의 전원 풍경을 전시한 것이었다. 그것은 하마다도 잘 알고 있었다. 그렇기 때문에 불쾌해진 것이었다. '자신의 형제와 같은 사람'인 일본의 농민이나 쇼쿠닌(職人)이 급히 만든 초가집 안에서 일을 하고 있는 모습을 보게 하여 말레이반도의 미개지와 일본이 똑같다는 것을 들이댄 것과 같은 느낌은 자존심을 대단히 상하게 했다. 더욱이 그것을 영국인의 엑소티시즘(exoticism)이 '시적 일본'이라고 평가한 것은 이중으로 상처받는 체험이었던 것이다.

여흥의 게이닌

또 하세가와 니요제칸 등 일본인 기자들의 의식을 거스른 것은 박람회의 여흥에 출연한 게이닌들이었다. 박람회의 구경거리로서 다양한 여흥을 준비하는 것은 키랄피의 상투 수단이었던 것 같은데, 여흥은 주로 키랄피 측이 제안하여 일본의 박람회 사무국이 응하는 형태로 진행되었고, 여흥의 운영을 담당한 신디케이트(Syndicate)가 5만 파운드의 출자로 설립되었다(앞의 책, 和田彦次郎宛陸奧広吉報告書).

어떤 게이닌 · 쇼쿠닌을 여흥으로 출연시키는가에 대해서도 박람회 사무국, 재영일본대사관, 신디케이트에서 사전에 의논한 뒤 결정하였는데, 최종

〈표 9〉 영일박람회에 출연한 게이닌·쇼쿠닌의 직종

직종	인원	직종	인원
魔術水藝	9	軽業	11
太神樂	5	劍舞	4
囃方兼後見	3	角兵衛獅子	2
丸太乘り	1	綱渡り	6
独樂廻し	5	日本手品	1
角力	36	美術陶器	6
畵工(陶器畵)	2	七寶	4
提燈	2	縫箔	3
蒔繪	4	薩摩繪	3
象牙彫	4	水彩	4
銀細工	1	傘職	2
造花	2	瓦煎餅	2
竹細工	3	裁縫袋物	3
鍛冶職	2	団扇	2
扇子	2	指物	2
棉細工	2	桶職	1
畵工	2	紙製造花	1
金銀錺職	1	新粉細工	1
飴細工	1	生花	2
木版	5	活動寫眞(吉澤)	

· 계 156명. 이 외, 도야마학교 군악대, 대만 생번(고산족) 24명, 홋카이도 아이누 10명(『東京朝日新聞』 1910년 5월 14일).

적으로 박람회에서 출연한 것은 〈표 9〉의 156명의 게이닌 · 쇼쿠닌들이었다.

실로 다채로운 게이닌 · 쇼쿠닌이 여흥에 관여한 것이다. 쇼쿠닌의 대부분은 먼저 언급한 일본촌에서 그 기능을 실연해 보였다. 또 스모는 "반드시 요코즈나에 한정할 필요는 없고, 신체가 강대하고 용모가 추하지 않은 것을 요하며, 금색 찬란한 마와시타치(廻シ太刀)[23] 등을 등한시하지 말고, 나체는 반드시 불가한 것은 아니지만 허리 부분은 조금 바꿀 필요가 있다" 라고 영국인의 눈을 의식해서 연출하였다. 실제로 출장한 것은 교토스모의 요코즈나 오오이카리(大碇) 이하의 스모 선수로서 훈도시 안에 속옷을 착용했다고 한다. 교토스모는 도쿄의 스모계와는 독립된 조직이었지만 독자적인 장소를 둘 수 있을 만큼의 규모는 아니고 운영에 곤란을 겪고 있던 참이었으므로 박람회에 참가하였던 것 같다.

이들 게이닌의 마술쇼나 쇼쿠닌의 실연이나 스모 선수의 화려한 케쇼마와시(化粧廻し)[24] 등은 기대대로 영국인 관객의 호기심을 끌었고 좋은 평판을 받은 것 같다. 그러나 하세가와 니요제칸을 비롯하여 일본인 기자들은 그것이 마음에 들지 않았다. "회사가 기획한 일본에 관한 여흥의 구경거리는 한결같이 일본에 피해를 주었고, 입장한 일본인 가운데 약간이라도 일본 혼(大和魂)이 남아 있는 자는 모두 식은땀을 흘렸다(「日英博だより」(3), 『東京朝日新聞』 1910년 7월 8일)"고 일본인 게이닌 · 쇼쿠닌의 여흥을 창피스러워 했다. 그가 부끄러워한 것은 일본인의 기예가 변변치 못했기 때문은 아니었다. 게이닌 · 쇼쿠닌이 무대에서도 무대의 밖에서도 서양의 매너에 얽매이지 않고, 그의 입장에서 보면 야만스러운 소리나 행동을 한 것이 창피스러웠던 것이다.

원래 게이닌 · 쇼쿠닌의 도항에 대해서는 도리어 마이너스의 인상을 주

---

23) 샅바 칼.

24) 스모 선수가 스모판 위에서 의식 때 착용하는 금실, 은실로 아름답게 수놓은 앞치마 모양의 복장.

는 것은 아닌가 하는 경계론이 강했다. 『지지신보』 1910년 3월 9일자 사설은 이 문제를 다루어 "하등 계급의 다수의 게이닌 또는 쇼쿠닌 등을 영국에 도항시켜 공중에게 관람시킴으로써 얻는 이해의 정도는 크게 고려한 바가 없다"고 비판하고, 그들이 영국에 체류 중일 때는 외무 당국이 엄격하게 감시할 필요가 있다고 주장했다.

어떤 의미에서는 예상대로 게이닌 · 쇼쿠닌의 행동은 기자들을 화나게 했다. 게이닌 · 쇼쿠닌의 런던 도착을 보도한 고쿠민신문 기자 다테 겐이치로는 "230여 명의 규율이 없는 사람들, 지휘도 호령도 없었다. 각자 제멋대로 행동을 하여 정거장은 매우 혼잡했다(『国民新聞』 5월 14일)"고 냉소적인 필치로 묘사하였다. 지지신보 기자 하마다 세이조는 영국까지 스모 선수와 게이닌과 같은 배를 탄 일본인 관광객이 런던 거리에서 그들과 우연히 만나면 말을 걸어오는 것이 창피해서 옆길로 도망친 에피소드를 소개하였다(『時事新報』 6월 14일). 그리고 『지지신보』 6월 20일자 사설은 게이닌 · 쇼쿠닌의 "모습을 보고 영국인이 놀라서 멍해지는 것은 무리도 아니지만 우리 재영 동포가 눈앞에서 이와 같은 모습을 보고 이들도 또한 우리 동포인가라고 생각할 때는 외국인에 대한 체면상 마치 몸이 잘리는 듯한 느낌이 안들 수가 없다. (중략) 실로 국가의 체면을 깎는 것이 심하다고 전하지 않을 수 없다"고 일선의 일본인이 게이닌 · 쇼쿠닌의 모습에 창피한 생각을 하고 있는 것을 강조했다. 더욱이 "이번 영일박람회에 일부러 하등 사회의 무리를 문명 세계의 중심인 런던까지 데리고 나가서 외국인 앞에서 수많은 실태를 연출시키기에 이른 것은 철저히 준비가 안 된 것이고 시비를 따질 여지가 없을 정도로 평할 필요조차 없다"고 박람회 사무국을 격렬하게 비난했다.

여기서 부상한 것은 지식인과 서민이라는 문제이다. 지식인인 기자들에게 모처럼 일본이 문명화 한 모습을 보이려고 하는 때에 서양의 매너 등에 완전히 무지한 게이닌 · 쇼쿠닌의 행동은 국가의 체면을 훼손하는 것이었고, 그에 더하여 자신이 영국인에게 그들과 같은 일본인이라고 보여지는 것이 창피해서 견딜 수가 없던 것이다. 앞서 인용한 사쿠타 케이이치(作田啓一)는 "보편화와 개체화라는 두 가지의 지향이 자기와 타자와의 사이에서 엇갈릴 때 수치심이 생겨난다"고 서술했는데, 이 경우가 정말 그렇다. 더욱이 그 수치는 '외국인에 대한 체면상' 수치스러운 것이어서 그 비난의 화살은 "수치를 모르는" 게이닌 · 쇼쿠닌에게 향하였다.

영일박람회에 출연한 게이닌 · 쇼쿠닌 개개의 사정은 자세하게 모르지만 그들의 입장에서 보면 국가의 의뢰를 받아 일부러 런던까지 가서 박람회 사무국 등의 연출대로 연기한 것인데, 신문 기자에게서 수치스럽다고 비난받은 것은 지극히 불쾌한 이야기였을 것이다. 원래 그들은 일본이 제국으로 뻗어나가는 이야기와는 무관한 곳에서 생활하고 있었던 것이다. 출연한 게이닌들 가운데는 박람회 폐막 후에도 그대로 서양을 순회 공연한 사람도 있었다. 스모 선수들도 서양을 돌아다니면서 경기를 하고 마지막은 남미로 건너갔다고 한다.

'생번(生蕃)'과 아이누

또 한 가지 기자들의 신경을 거슬렀던 것은 구경거리로 전시된 고산족과 아이누이다. 그리히에 의하면 19세기 말부터 20세기 초의 서양 박람회 등에는 '인간 진열'이 인기를 끌었다고 한다(Paul Greenhaigh, *Ephemeral vistas*, Manchester University Press, London, 1988). 키랄피도 그가 주최해 온 박람회에서 다양한 '인간 진열'을 행했다. 영불박람회에서는 스리랑카의 취락과 스리랑카인을 전시하고, 더욱이 수백의 인도인과 스리랑카인, 다종다양한 동물이 출연한 '우리 인도제국'이라고 제목을 붙인 2시간이나 되는 스펙터클한 극을 보여주었다고 한다(Ephemeral vistas). 고산족과 아이누라는 '인간 진열'도 이러한 서양에서의 박람회 전시의 연장선상에 있었던 것이다.

키랄피의 '인간 진열'은 관객의 호기심을 끈다는 영업적 동기에 기반하고 있는 것은 분명하지만 세계의 변경까지 제국의 시선이 미치고, 미개를 분류하여 관찰함으로써 지배하는 것을 보여준다는 의미가 있었던 것도 틀림없다. 그렇다면 영일박람회에서 대만의 선주민과 아이누를 전시했다는 것은 일본이 미개한 이민족을 지배하는 신흥 제국으로 등장했다는 것을 영국인에게 전시한다는 의미였던 것으로 생각할 수 있다. 일본의 박람회 사무국에서는 그러한 의도가 있었을지도 모른다.

그러나 일본인 기자들은 대만 선주민과 아이누의 진열을 보았을 때 이것을 일본의 제국주의적 달성의 전시로서 자랑스럽게 생각한 것은 아니었다. 하세가와 니요제칸은 "대만촌, 아이누촌 등은 이들 희귀인종을 서양인에게 소개할 때 같은 흥행물이면서도 유익한 기획이라고 이야기하려면 (중략) 동정도 무엇도 말할 것도 없이 이것을 많은 서양인이 동물원이나 어딘가에 간 것처럼 우리를 들여다보는 것은 다소 인도(人道)의 문제로서 서양인은 어떨지 모르지만 일본인은 결코 좋아하며 흥행물을 기획해서는 안 된다고 생각합니다(「日英博だより」(3), 『東京朝日新聞』 7월 8일)"라고 썼다. 서양인에게는 '유익한 기획'이라고 말하고 있기 때문에 서양인이 지금까지도 동종의 구경거리를 즐겨온 것을 알겠지만 그 광경을 목격했을 때는 그 자신은 도저히 그것을 즐길 수 없었으며 혐오감을 불러일으키는 저속한 전시로밖에 비치지 않았다는 것이다.

다른 신문기자도 같은 느낌을 가졌다. 『지지신보』의 하마다도 "아이누라고 하면 생존경쟁과 우승열패의 법에 지배되어 점차 감소하고 있는 가련한 인종이며, 생번은 또 야만인 중의 맹렬한 것으로 무엇을 생각해도 이와 같은 인간이 우리 일본인 중에 있다고 하여 일부러 박람회의 공연에 출연시켜 입장료를 받는 것은 사람의 약점을 이용하고 결점을 잡아 스스로 금전상의 이익을 차지하려고 하는 것으로 평가받아도 변명 할 수 없을 것이다(『時事新報』 6월 15일)"라고 평하였다.

일본인 기자는 아이누와 대만 선주민이 마치 동물인 것처럼 구경되는 모양에 강한 불쾌함을 느끼고 아이누와 대만 선주민에 어느 정도의 동정을 표명하였다. 그리고 이러한 구경거리를 생각해 낸 것은 일본 측이 아니라 키랄피라고 함으로써 스스로를 위로하였다. 그러나 키랄피의 생각이었다고는 해도 일본 측에도 아이누와 대만 선주민을 구경거리로 삼아 박람회의 인기를 얻고자 하는 발상이 없었던 것은 아니다. 대만 선주민을 '생번'이라고 칭하여 이상하게 생각하지 않았고, 아이누와 대만 선주민이 출발할 때는 일본의 신문은 상당한 흥미 본위의 기사와 사진을 게재하였으며, 도착 후에도 그들의 '야만인 모습'을 보도했던 것이다. 『고쿠민신문』 5월 18일자는 '임금님인 체하는 대만 생번과 고양이 같은 아이누'라고 표제어를 붙이고 "아프리카 토인이나 아메리카 인디안에 관한 지식을 갖고 있는 영국인 등에게는 이 살벌한 생번인이 얼마나 많은 흥미를 그들에게 주었는지는 오히려 상상 이상이라고 하여 고양이 모양의 아이누와 사자 같은 생번은 이번 박람회에서 인기를 모으고 있다"고 먼 이향에 돌연 끌려온 아이누와 고산족의 대조적인 반응을 양쪽 다 '야만인'의 특성으로 보도하였다.

그러나 일본인 기자들은 박람회 전시의 일부로서 아이누와 고산족을 실제로 보았을 때 그 전시 모습에 혐오감을 느꼈던 것이다. 그것은 인간을 구경거리로 삼아 돈벌이를 한다는 인종적 우월감과 노골적인 상업주의에 반감을 가졌기 때문만은 아니었다. 초가집 속에서 일본인이 나무통 만드는 것을 호기심 가득히 보는 영국인의 시선이 아이누와 고산족을 동물원의 동물인 것처럼 보는 시선과 같이 느끼지 않을 수 없었기 때문이었다. 일본인 농부들도 아이누, 고산족도 같은 '인간 진열'로서 영국인의 시선 아래에 노출되어 있었던 것이다. 그것은 그들과 동류인 기자들의 자존심을 다치게 하였다. 그러나 그러한 영국인의 시선을 공공연히 부정하는 발상은 가지고 있지 않았기 때문에 동류의 일본 게이닌 · 쇼쿠닌에 대해서는 그 '부끄러움 없음'을 비난하고, 아이누와 고산족에게는 '우승열패의 법으로 점차 감소하고 있는 가련한 인종'의 운명으로서 동정하였던 것이다.

성황의 표리

영일박람회는 많은 관객이 구경하기 위해 방문하여 성황이었던 것은 틀림없다. 개회 첫날에 10만 명 이상이 입장하였고, 2일 째인 16일에는 50만 명 이상이 입장하였다고 한다(內ケ崎太郎, 「開會初日の印象」, 『太陽』 1910년 6월 15일, 英日博覽會特輯号). 『타임스(The Times)』는 7월 19일에 총 96쪽에 달하는 '일본호'를 발행했다. 이것은 아사히신문사가 일본에서도 판매해 평판이 좋았다. 또한 이 '일본호'의 광고는 오사카의 광고대리업 만넨샤(萬年社)가 타임지사와 독점 취급의 계약을 하여 실현한 것이었다(『萬年社廣告100年史』, 萬年社, 1990, 57쪽).

이러한 영일박람회의 성황은 일본 정부, 박람회 사무국, 신문기자들에게는 대체로 만족할 수 있는 것이었다. 그러나 성황을 이루게 한 영국인 관객의 호기심에 가득 찬 시선은 일본인, 특히 인텔리의 신문기자들의 자존심을 상하게 했던 것이다. 가까스로 서양 열강과 어깨를 나란히 하는 제국이 되어 대등한 교제라 자부하기 시작한 때에 '작고 아름다운' 일본, 호기심을 끄는 공연 등에 비친 자기상과 그것을 응시하는 영국인 관객의 시선이 유약한 제국 의식을 상처 입힌 것이었다. 더욱이 그것은 키랄피의 영업 정책에 편승했다고 해도 그것에 영합한 의식이 일본 측에 있으며, 그러한 영합은 박람회 사무국뿐만 아니라 일본을 방문하는 서양 관광단에게도 '기모노와 인력거'로 환영하는 모습 그 자체에서 일본인에게 널리 나타나는 공통 의식인 것을 인정할 수밖에 없었던 것도 일본인에게는 한층 깊은 상처가 되었다.

세계일주회의 여행자들은 신문기자들만큼 민감하게 의식은 하지 않았을지도 모른다. 그러나 역시 영일박람회에서 외국인에게 보여지고 있는 일본을 보는 것은 복잡한 감정을 갖게 했을 것이다. 세계일주회 회원은 아니지만 일반 시찰자의 귀국담에서도 아이누가 구경거리가 되었던 상황에 놀랐다는 점이 논의되었다(『時事新報』 5월 15일). 또한 1911년 1월 25일의 중의원 본회의에서 쿠라하라(藏原性敎)는 "우리나라 동포인 토인을 관람료를 받고 구경거리로 제공했다는 것은 나는 인도상 대단히 큰 실수라고 생각한다"라고 정부를 격하게 비판했다(『帝國議會衆議院議事速記錄』 第25卷).

서양인에게 보이고자 한 박람회가 보여지는 뼈에 사무친 체험이 된 것은 참으로 얄궂은 일이다. 그러나 그것은 대등한 시선을 갖고 싶다고 생각하면서 서양의 시선에 꼼짝 못하게 되어버린 당시 일본인의 자의식을 보여주고 있었던 것이다.

세계일주회의 귀국

세계일주회의 여행은 영국 출발 후에도 순조롭게 진행되어 시베리아철도를 경유하여 무사히 7월 18일에 쓰루가 항에 도착했다. 출발로부터 104일째였다. 쓰루가 초조(町長), 우에노 리이치 아사히신문사장, 무라야마 료헤이 감사역 이하의 대환영을 받았다. 여행회의 쓰노다 신페이(角田眞平) 위원장은 답사에서 "본회의 계획은 국가의 현재 상황에 비추어 시의 적절했다. 외교에 대한 우리의 희망에 좋은 기회를 주었다"는 등 5개 조를 들어 만족을 표명했다.

여행회는 정식 해산식을 행하고 제2회 세계일주회는 종료했다. 토마스 쿡사는 다음 해에도 세계일주 여행의 모집을 실시했지만 아사히신문사는 이후 해외여행을 주최하지 않고 미디어·이벤트로서의 해외여행은 일단락되었다.

에필로그

굴절하는 자의식

해외여행 이야기

지금까지 서술해 온 것과 같이 메이지 말기 일본에서 가이드가 있는 해외 단체 여행이라는 관광 여행의 스타일이 성립했다. 가이드가 있는 해외 단체 여행이 현대의 기본적인 관광 여행이라고 하면 현대적인 관광 여행이 일본에서 처음으로 성립했다고 말할 수 있을 것이다. 더욱이 그것이 미디어의 이벤트로서 성립한 점이 특징적이다. 고액의 비용과 시간을 요하는 해외 관광 여행을 떠나게 된다는 것은 말할 것도 없이 그것을 가능하게 한 사회적, 경제적 조건이 갖추어져 왔다는 것이다. 다만 미디어가 사람들의 호기심을 끌기 위해 인위적, 계획적으로 만들어낸 이벤트로서 해외 관광 여행이 성립했다는 것은 단순히 사회적, 경제적 조건이 충분히 성숙한 결과로서 생겨난 것뿐만 아니라 사회적, 경제적 조건에 더해 해외여행으로 도약하기 위해서는 미디어의 계재가 필요했다는 것을 보여주고 있다. 실제 토마스 쿡사가 단독으로 모집했던 세계일주 여행은 다수의 참가자를 모을 수 없었다.

미디어는 단지 여행을 선전하는 역할을 수행한 것만이 아니다. 미디어가 수행한 중요한 역할은 그 언설에 따라 해외여행에 사회적, 문화적 의미를 부여하여 사회적, 문화적 의미를 갖는 이벤트로서 형성되었던 것이다. 거기에는 해외여행을 당시의 사회적, 문화적 맥락 속에서 설명하는 이야기가 형성되었다. 그 이야기가 고액의 비용과 많은 시간을 소비하는 것에 대해 사람들의 망설임을 경감시키고 더욱더 적극적으로 해외로 나가려는 의욕을 환기해 가는 기능을 했던 것이다. 또한 그에 따라 실제로 참가한 사람들뿐만 아니라 많은 신문독자들도 사회적, 문화적 의미가 있는 사건으로서 그들의 여행기를 읽게 되었던 것이다.

메이지 말기에 해외여행 이야기는 일본이 서양을 따라 잡아 세계의 일류국, 제국이 된다는 큰 이야기의 일환이었다. 영일동맹, 러일전쟁의 승리로 제국이 되었다는 이야기가 그때까지 서양 관광객에게 보여지는 객체였던 일본인을 보는 주체로 전환시켜 관광하는 시선을 사회적으로 형성시켰다. 최초의 해외 단체 여행인 만한순유선은 제국 일본의 달성을 최전선에서 실현한 여행으로서 구성되었던 것이다. 여행자들이 만주 · 한국을 보는 눈은 자국의 영광스러운 전적에 초점을 두고 바라보며, 만주 · 한국의 사람들을 먼 풍경의 일부로밖에 보지 않는 원근법으로서의 자기만족적인 제국의 시선이었다. 그러나 거기에서도 보여지는 자신을 전혀 의식하지 않았던 것은 아니다. 만주 · 한국의 사람들이 자신을 문명국인으로서 보는 것을 제멋대로 상상하고 문명 국민에 어울리는 행동을 한다는 과잉된 자의식을 가지며 보여지는 자신을 의식했던 것이다.

후발제국의 자기상

그 후 세계일주 여행까지 나서는 관광 여행자에게 이 '보다', '보여지다'라는 이중의 관계가 항상 따라다니게 되었다. 서양 선진 제국주의의 관광 여행자들에게는 자신들이 보는 주체인 것은 지극히 당연한 것이었다. 아시아, 아프리카의 현지인에게 만일 자신들을 보였다 해도 자신들의 우월한 지위는 흔들리지 않았으며, 자유롭고 활발하게 활동할 수 있었던 것이다. 그러나 일본인의 해외여행에서는 항상 국가의식이 이면에 붙어 있었고, 보는 관광 여행인 동시에 서양인으로부터 보여지는 자기라는 것을 끊임없이 의식하게 되었다. 그것은 후발 제국주의의 자의식이라고 말할 수 있을 것이다.

일본인의 서양 관광여행은 서양인의 시선 속에 갇혀 버려 그것에서 자유롭게 되는 것이 좀처럼 가능하지 않았던 것이다. 일본인의 서양관광여행에서는 '서양열강과의 대등한 교류'를 의식하면서 항상 서양인이 어떻게 보고 있는가를 신경 쓰게 되었다. 서양인이 극진히 해주는 것에 따라 안심하면서 단지 형식만 극진히 해주고 있는 것은 아닌가 불안해하기도 하였다. 또한 서양의 관광객에 대해서는 문명국으로 환영하는 것에 주의를 기울이면서 서양인의 엑소티시즘에 영합해 인력거에 태워 요시와라(吉原)로 안내해버렸던 것이다. 그러한 서양인의 시선에 대한 영합은 영일박람회에서 집약적으로 나타나서 일본인 기자들은 일종의 자기혐오 의식을 갖지 않을 수 없었다. 더욱이 서양인의 시선으로부터 무관하게 행동하는 쇼쿠닌, 게이닌들이 한층 더 자존심을 상하게 했던 것이다.

다른 한편 만주·한국으로부터의 관광 여행자에게는 도쿄의 빌딩이나 공장을 안내해 문명국 일본을 과시하고 위압하고자 하였다. 그리고 그들의 시선에는 지극히 둔감하였다. 서양과 아시아에 대해서 이중의 태도를 가지고 있었던 것이다. 그것은 서양에 대한 열등감과 아시아에 대한 둔감한 거만함이라는 표리의 관계에 있었던 것이다.

관광이라는 것은 차이를 만들어 내고, 확인하고, 소비하는 행위라고 말할 수 있다. 그리고 메이지 말기의 일본인 관광에서 차이는 문명 대 미개라는 척도로 설정되어 있었다. 이 우열 관계를 필연화하고 있는 척도의 아래에서 일본인은 서양인에 대해서는 문명의 선진국과 무리를 해서라도 어깨를 나란히 하고자 하여 우러러보았으며, 뒤쳐진 아시아에 대해서는 문명국으로서 내려다보려고 했던 것이다. 일본인은 문명과 미개의 사이에서 곡예를 하게 되었다고 할 수 있다. 그것은 일본인이 서양의 문명이라는 시선에 갇혀버렸기 때문이다.

이것은 서양 열강을 따라잡아 동등한 제국이 된다고 하는 이야기가 일본인, 특히 지식층에게 굴절되어 상처 입기 쉬운 체험이었다는 것도 있다는 것을 의미한다. 그러나 그러한 체험은 서양이나 아시아에 대한 자신의 시선에 대한 의심으로 깊어져 간 것은 아니었다. 오히려 상처 받은 자존심을 스스로 동정하는 나르시시즘으로 흐르는 경향이 있었다고 생각된다.

1906년(명치 3) 만주한국순유선에서 시작하여 세계일주 여행에 이르는 미디어·이벤트로서의 해외여행은 일단 단절되었다. 그것은 항상 사람들의 호기심을 끌려고 하는 미디어·이벤트로 본다면 매 회마다 거의 똑같은 여정을 찾아가는 해외여행은 이벤트성이 부족하게 되었기 때문이다. 오히려 그것은 해외 관광 여행 그 자체의 매력이 감소했다는 것이 아니라 일본인의 해외 관광여행은 차츰 확대되어 갔지만 이 선구기에 나타난 관광의 시선, '보다', '보여지다'라는 관계 속에서의 자의식은 그 후에도 이어지며, 거기에서 자유로워지는 방도는 쉽게 발견되지 않았다. 그것은 관광여행만의 문제가 아니라 일본의 대외의식의 문제였다고 할 수 있기 때문이다.

참고문헌

ジョン・アーリ(加太宏邦 譯),『觀光のまなざし 現代社會におけるレジャーと旅行』, 法政大學出版局, 1995.
石森秀三 編,『觀光の二0世紀』, ドメス出版, 1996.
白幡洋三郎,『旅行ノススメ 昭和が生んだ庶民の「新文化」』, 中央公論社, 1996.
新城常三,『庶民と旅の歷史』, 日本放送出版協會, 1971.
ダニエル・ブーアスティン(星野郁美・後藤和彦 譯),『幻影の時代 マスコミが製造する事實』, 東京創元社, 1964.
ピアーズ・ブレンドン(石井昭夫 譯),『トマス・クック物語 近代ツーリズムの創始者』, 中央公論社, 1995.
津金澤聰廣,『近代日本のメディア・イベント』, 同文館, 1996.
中川浩一,『觀光の文化史』, 筑摩書房, 1985.
橋本和也,『觀光人類學の戰略 文化の賣り方・賣られ方』, 世界思想社, 1999.
エリック・リード(伊藤誓 譯),『旅の思想史 ギルガメシュ敍事詩から世界觀光旅行へ』, 法政大學出版局, 1993.
ヴァンフリート・レシュブルグ(林竜代・林健生 譯),『旅行の進化論』, 青弓社, 1999.
山下晋司 編,『觀光人類學』, 新曜社, 1996.
吉見俊哉,『博覽會の政治學 まなざしの近代』, 中央公論社, 1992.

Ayako Hotta-Lister, *The Japan-British Exhibition of 1910: Gateway to the island empire of the east*, London, 1999.
Paul Greenhaigh, *Ephemeral vistas : The expositions universelles, great exhibitions and world's fairs, 1851-1939*, Manchester University Press, London, 1988.

저자 후기

이전에는 해외관광여행에 대해 각별한 관심을 가졌던 것은 아니고, 해외관광여행에 대한 책을 쓰게 되는 등은 생각도 못 했다. 해외관광여행에 관심을 가지는 계기가 된 것은 미디어·이벤트의 연구를 시작했던 것에 있다. 쓰가네자와 토시히로(津金澤聰廣)를 중심으로 하는 미디어·이벤트 연구회에 참가하여 각각의 이벤트들의 사례를 조사해 가면서 미디어가 만들어 낸 이벤트는 그 형성의 메커니즘도 흥미롭고, 우리 사회, 문화의 축도(縮圖)가 되어 있는 것을 통감했다. 바꿔 말하면, 이벤트를 연구하는 것으로 쉽게는 파악할 수 없는 사회의식, 가치관 등을 명확하게 할 수 있었다.

이러한 발상에서 신문사가 만들어 낸 이벤트로서 가장 커다란 성공을 거두었고, 이제는 '국민적 행사'라고도 표현되는 '고시엔(甲子園)의 야구대회'를 다룬 것이 먼저 쓴『고시엔 야구와 일본인(甲子園野球と日本人)』이다. 그때 전전기(戰前期)에 야구대회와 견줄 만큼 커다란 화제가 되고 있던 미디어·이벤트로서 여행, 특히 해외여행이 있다는 것을 깨달았다. 야구와 해외여행 어느 쪽을 먼저 다룰까 망설였지만 먼저 야구를 다루었다. 다만 앞의 책을 쓰고 난 후에도 미디어 이벤트로서 해외여행에 대한 연구를 계속하여 최근 활발한 관광사회학, 관광인류학, 투어리즘 연구 등의 문헌도 읽어 가는 동안에 점점 흥미를 갖게 되었다.

그 과정에서 바꿔 생각한 것이 해외관광여행이라는 것이 결코 보편적인 것이 아니고, 역사적·사회적인 산물이라는 것이다. 특히 이향에 대한 시선 또 자기에 대한 시선은 넓은 의미에서 내셔널리즘의 문제가 내포되어 있다. 『고시엔 야구와 일본인』은 미국산 베이스볼이 일본 특유의 야구로 조성된다는 관점에서 내셔널리즘의 문화를 생각했는데 이번 해외관광여행도 그 점에서는 연결되어 있다.

발상은 거의 정리되고 자료 등도 갖추어져 있었지만 수년 전부터 연구에 시간을 낼 조건이 전혀 안 되어서 요시카와고분칸(吉川弘文館)에는 대단한 폐를 끼쳤다. 누차 헛된 약속을 되풀이할 뿐으로 이 기획도 이대로 허무하게 끝나는 것은 아닌가라고 생각하지 않은 것도 아니었다. 그런데 작년 겨울 생각지도 않은 행운의 혜택을 받아 집필에 전념할 수 있게 되었다. 기다려주신 요시카와고분칸의 편집부에 감사하는 동시에 한시름 놓게 되었다.

2001년 11월 1일 아리야마 테루오

찾아보기

〈ㄱ〉

가네코(金子) 77
가메이(龜井陵) 199
가쓰라 타로(桂太郎) 29, 49, 149
가와다 테쓰야(川田鐵彌) 101, 117
경성 38, 75, 86
경성일보사 154
고마쓰하라 에이타로(小松原英太郎) 164
고무라 쥬타로(小村寿太郎) 190
고바야카와 히데오(小早川秀雄) 74
고쿠민신문사 32, 146, 148, 163, 174, 199, 206, 209
교토고쇼(京都御所) 136
구레항 37, 69
군대적 규율 72
기바타 요이치(木畑洋一) 88
기자릉 76
기자키 아이키치(木崎愛吉) 75, 76

〈ㄴ〉

나고야공진회 163
나쓰메 소세키(夏目瀨石) 153
남만주철도회사 52
내외중개사(內外仲介社) 172
노무라 토쿠시치((野村德七) 102, 117
노스클리프 남작 119, 120, 127
뉴욕 97, 98 118, 120, 175, 185
니시무라 텐슈(西村天囚) 182, 183, 184, 185, 186, 199
니시무라 토키쓰네(西村時彦) 182
니조성(二條城) 136
니혼유센(日本郵船) 182, 195

〈ㄷ〉

다나베 에이지로(田邊英次郎) 173
다쓰이 우메키치(辰井梅吉) 75
다케우치 주고(竹內重固) 63
다테 겐이치로(伊達源一郎) 199
대련 37, 38, 48, 59, 75, 77, 79, 86, 163
데이고쿠(帝国)호텔 142, 143, 148, 149, 150, 179
도아도분카이(東亞同文会) 163
도요(東洋)협회 156, 163
동산성일보사(東山城日報社) 161
동양광고중개회사(東洋広告取次会社) 172
동청철도(東淸鐵道) 50

〈ㄹ〉

러일전쟁 9, 20, 21, 26, 29~32, 36, 43, 48~52, 55, 59, 70, 72, 73, 76~78, 82, 85, 86, 88, 102, 106, 107, 111, 116, 118, 123, 124, 130, 145, 190, 191, 214
로셋타마루 9, 27, 34, 39, 63, 65, 66, 68~71, 73, 84, 85, 87, 93
로셋타아사히(ろせった朝日) 67
루스벨트 대통령 118, 187

〈ㅁ〉

마사키(正木) 70, 71
마쓰야마 주지로(松山忠二郎) 34
만국박람회 11, 12, 192, 193
만수대(万壽台) 76
만주한국순유선 26, 29, 34, 35, 37, 39, 44, 45, 52, 61, 78, 80, 85, 94, 105, 110, 216
만주한국순유선여행단 60, 71, 79, 80
만한만유여행(滿韓漫遊旅行) 85
만한순유선 9, 16, 17, 25, 28, 37, 39, 40, 41, 45, 48, 50, 60, 65, 69, 73, 75, 82, 86, 87, 96, 98, 100, 102, 105, 106, 141, 214
만한순유선여행회 75
몽고리아마루 113~116, 119, 182, 184
무라야마 료헤이(村山龍平) 119, 211
무라이 기치헤에(村井吉兵衛) 149
미국관광단 140
미노우라 카쓴도(箕浦勝人) 148
미즈노(水野) 180

〈ㅂ〉

보스턴 98, 185
봉천 38, 75, 77, 86
부산 38, 73, 75
브아스틴 15~17, 80

〈ㅅ〉

사사키 고로(佐佐木五郎) 163
사세보 37
사이구사 고타로(三枝光太郎) 63
사이토(齋藤) 70, 71
사쿠타 케이이치(作田啓一) 166, 207
사토 신이치(佐藤真一) 183
샌프란시스코 96, 98, 113, 115, 118, 122, 123, 127, 146, 175, 182, 185
서큘러 노트 13
석(錫) 162
성경시보사(盛京時報社) 161
세계일주 186
세계일주여행 96, 98, 99, 101, 102, 106~109, 111~114, 118, 123, 127, 130, 131, 135
세계일주여행회 17, 21, 122, 126, 130
세계일주회 101, 102, 104, 107, 140, 172, 176, 181, 199, 210
세도릿쿠마루 119
수에즈 98
수학여행 39~43, 49, 59, 60, 72

스기무라 소진칸 75, 94, 99, 115, 129, 186
스기무라 코타로(杉村廣太郎) 75
스기하라 에이자부로(杉原榮三郎) 117
스에마쓰 노리즈미(末松謙澄) 157
시바가키 도쿠조(芝垣德藏) 63
시베리아철도 94, 96, 99
시부자와 에이이치(涉澤榮一) 138, 147, 159
시부카와 류지로(澁川柳次郎) 172
시즈키 74
시카고 98, 118
시카고상업회의소 118
쓰가네자와 토시히로(津金澤聰廣) 219
쓰노다 신페이(角田眞平) 211
쓰루가(敦賀) 96, 120, 130
쓰치야 다이무(土屋大夢) 116
쓰치야 모토사쿠(土屋元作) 94, 99, 182, 183
쓰쿠이 도시유키(津久井利行) 63

〈ㅇ〉

아마(安滿) 76
아사히신문사 9, 10, 16, 17, 20, 29, 34~36, 38~42, 44, 45, 48~51, 59~63, 70, 71, 73, 74, 81, 85, 86, 87, 93~96, 99~101, 105~108, 112, 114~116, 119, 122, 130, 131, 135, 180, 182, 183, 186, 199, 211
야부노 무쿠쥬(藪野椋十) 172, 187
여순 31, 37, 38, 48, 77
영명선사(永明禪寺) 76
영일동맹 98, 167, 196, 214
영일박람회 174, 175, 189, 190, 192, 193, 198~201, 206, 208, 210, 211, 215
영친왕 157
오리엔탈리즘 141, 142
오사카쇼센(大阪商船) 182
오야마마이리(大山参り) 11, 27, 60
오오카 쓰토무(大岡力) 154
오우라 가네타케(大浦兼武) 192
오자키 유키오(尾崎行雄) 138, 147
오자키 지타로(大崎治太郎) 63
오카노 요노스케(岡野養之助) 182, 183
오카다 몬타로(岡田門太郎) 63
오쿠라 키하치로(大倉喜八郎) 155
오쿠마 시게노부(大隅重信) 138, 164
오쿠보 사쿠지로(大久保作次郎) 63
오쿠보 후지(大久保不二) 117
오타니 키헤에(大谷嘉兵衛) 137, 146
오하시 신타로(大橋新太郎) 147
왕양(汪陽) 162
요양(遼陽) 38, 75, 77, 86
요양전투 31, 77
우네메정양헌(采女精養軒) 164
우에노 리이치(上野理一) 119, 211
워싱턴 98, 185
유라쿠쵸(有樂町) 138, 147, 149
을밀대(乙密台) 76
의사 이벤트 15~18
의사적 체험 17
이세마이리(伊勢参り) 11, 27, 60
이와쿠라사절단 53
이케다 스에오(池田末雄) 75
이케다 요미이오리(池田蘇庵) 80, 81
이토 히로부미(伊藤博文) 156~159

인천 38, 75

〈ㅈ〉

재팬 투어리스트 뷰로 10, 28
제1차 한일협약 50
조센니치니치신문사 85

〈ㅊ〉

청국 관광단 161~166, 173
청일전쟁 49, 51, 77, 78, 82, 86, 88, 123, 157, 158
청일전쟁 기념비 76
치요마루 175, 180, 182~185

〈ㅋ〉

클리프랜드호 135~137, 142, 144, 146

〈ㅌ〉

태평양기선회사 113
토마스 쿡 11~14, 20, 21
토마스 쿡사 94, 99, 100, 118, 120, 122, 130, 131, 171, 172, 176, 180, 186, 211, 214

〈ㅍ〉

평양 75~77
포츠머스조약 9, 32, 50

〈ㅎ〉

하기와라 모리이치(萩原守一) 161, 162
하라 다카시(原敬) 99
하마다 세이조(浜田精蔵) 199, 203, 206, 208
하세가와 니요제칸(長谷川如是閑) 199, 200, 203, 205, 208
하쿠분칸(博文館) 31
호리에 게쓰메이(堀江月明) 74
히비야공원 114
히비야소토사건(日比谷燒討事件) 52

저자 소개

아리야마 테루오(有山輝雄)

가나가와현 출생(1943)

도쿄대학 문학부 국사학과 졸업

도쿄대학 대학원 사회학연구과 박사과정 중퇴

현 세이죠대학(成城大學) 교수

주요저서: 『徳富蘇峰と國民新聞』, 吉川弘文館, 1992

『近代日本ジャーナリズムの構造』, 東京出版, 1995

『占領期メディア史研究』, 柏書房, 1996

『甲子園野球と日本人』, 吉川弘文館 1997

「戦後史のなかの憲法とジャーナリズム」, 『日本歴史』 612,

日本歴史学会, 1999

『現代メディアを學ぶ人のために』, 世界思想社, 1995(공저)

역자 소개

조성운 · 경기대학교 강사

강효숙 · 원광대학교 강사

서태정 · 서강대학교 대학원 사학과 박사과정

이승원 · 서강대학교 대학원 사학과 박사과정

송미경 · 동국대학교 대학원 역사교육과 석사과정 수료